für DICH
vom BERGHIMMEL
bis ZUM MEER

THERESA
BAUMGÄRTNER

BACKEN *in der* WINTER ZEIT

Brandstätter

LAND

Altes Land, Deutschland S. 17

KÜSTE

Normandie, Frankreich S. 69

BERGE

Tirol, Österreich S. 125

STADT

Stockholm, Schweden S. 181

VORWORT

Der Winter ist nah. Die Tage werden kurz und die Abende lang. Es ist eine gute Zeit, um Einladungen auszusprechen. Gleichsam wie ein liebevoller Brief, der auf feinstem Papier geschrieben, handschriftlich adressiert und verschickt wird, möchte ich mit diesem winterlichen Backbuch sehr persönlich einladen. Willkommen zu einer ganz besonderen Winterreise! Eine Reise in die genussvolle Zeit des winterlichen Backens.

Für einen furiosen Auftakt sorgt der Spätherbst. Im Alten Land wird die Apfelernte eingebracht und nie schmecken die knusprigen Tartes so gut wie jetzt. Die neuen Walnüsse haben ein wunderbares Aroma. Und wer hätte gedacht, dass sich nicht nur Karotten, sondern auch Rote Beete und Pastinaken in süße Kuchen zaubern lassen.

Die ersten Stürme fegen über das Land und kündigen den Winter an. Draußen wird es merklich kühler. Wir schlüpfen in die Gummistiefel und unternehmen lange Spaziergänge. Bemooste Zweige, Zapfen und winzige Hagebutten: Mit den einfachen Dingen aus der Natur lässt es sich wunderschön dekorieren. Der Ruf der Wildgänse am Himmel berührt unser Herz und das Fernweh lässt nicht lange auf sich warten. Im November ist es still an der wildromantischen Küste der Normandie. Auch in dieser Gegend wird im Winter gern gebacken, denn oft treffen Gäste ein. Freunde und Familie verabreden sich in gelöster Stimmung zum Aperitif. Es werden kleine Häppchen gereicht, pikante Tartelettes und luftige Gougères. Die französische Backkunst hat ihre ganz eigene, tief verwurzelte Tradition. Deutlich wahrzunehmen ist die hohe Qualität der Zutaten, die Genauigkeit und Hingabe beim Backen und die nicht enden wollende Freude am Genuss.

In den Bergen ist bereits der erste Schnee gefallen. Die Finger duften nach Harz und Tannengrün. An den Fenstern leuchten Kerzen. In großen Teigschüsseln steht schon alles bereit für süße Früchtebrote und feine Stollen. Zum ersten Advent backen wir gemeinsam Plätzchen und zum Fest eine Weihnachtstorte mit herrlichen Gewürzen. Alles hat seine Zeit. Die alljährliche Freude auf die Köstlichkeiten der Vorweihnachtszeit und die damit verbundenen Traditionen sind etwas ganz Besonderes. Zum Jahreswechsel schieben wir Brezeln aus Hefeteig in den Ofen, denn sie sind das Symbol für Glück. Noch ist es tiefster Winter.

Ende Januar zieht es uns in den hohen Norden. Stockholm ist eine pulsierende Stadt, die gerade in der kalten Jahreszeit ihren ganz eigenen Zauber hat. Die Schönheit des skandinavischen Designs ist überall gegenwärtig. In den gemütlichen Cafés gilt es, die schwedischen Gebäckspezialitäten zu entdecken: von hauchdünnen Knäckebroten bis hin zu kunstvoll geknoteten Cinnamon Buns mit viel Kardamom. Passend zum Jahresbeginn ist alles eher leicht und mit vielen gesunden Zutaten gebacken.

Land, Küste, Berge und Stadt, wo immer wir auch sind, die Fotos von Marina Jerkovic führen auf poetische Weise und mit ihrer unverwechselbaren Handschrift durch die einzelnen Kapitel dieses Buches. Dazu gibt es kleine Geschichten. Bei einer Tasse Tee lässt es sich herrlich eintauchen in die Themen Natur, Freundschaft, Familie und Inspiration.

Und jetzt möchte ich die Tür zu meiner winterlichen Küche weit öffnen. Alles ist mit Liebe vorbereitet!

Ganz viel Freude beim Backen und Genießen in dieser schönsten Zeit.

Eure Theresa

MEINE ZUTATEN

Mit wertvollen, natürlichen Zutaten für die Familie und Freunde zu backen, ist für mich ein besonderer Ausdruck von Liebe! Die Wahl der besten Produktqualität sorgt für den feinsten Geschmack der Rezepte. So beginnt die Freude beim Backen für mich schon beim Einkauf.

MEHL

Ich liebe es, mit **Dinkel** zu backen! Das Urgetreide ist das Basismehl für meine Rezepte und wurde schon von Hildegard von Bingen aufgrund seiner rundum positiven Wirkung auf die Gesundheit des Körpers gelobt. Im Gegensatz zum überzüchteten Weizen ist der robuste Dinkel reich an hochwertigem Eiweiß, Ballaststoffen, ungesättigten Fettsäuren, Vitaminen und wichtigen Mineralstoffen wie Magnesium, Zink und Eisen. Gleichzeitig überzeugt Dinkel mit hervorragenden Backeigenschaften! Genießen und dabei dem eigenen Körper etwas Gutes tun, begeistert mich sehr! Dinkel ist als helles Mehl Type 630 und Vollkornmehl Type 1050 mittlerweile in jedem Supermarkt zu finden und kann grundsätzlich problemlos statt Weizenmehl verwendet werden. **Dinkelgrieß** finde ich im Bioladen. Am liebsten kaufe ich Dinkel als ganzes Korn und mahle ihn zuhause in der Getreidemühle zu feinem Vollkornmehl. Das Backen mit frisch gemahlenem Mehl ist ein wahrer Genuss, denn es enthält noch alle Vital- und Mineralstoffe des Getreides und hat ein herrlich nussiges Aroma. Wer zuhause keine Mühle besitzt, kann in Bioläden und Reformhäusern sein Getreide in der gewünschten Menge kostenlos mahlen lassen. Helles Dinkelmehl Type 630 und fein gemahlenes Vollkornmehl lassen sich übrigens wunderbar mischen. Auch die Kombination mit Roggenmehl oder anderen glutenfreien Mehlen führt zu köstlichen Backresultaten.

Roggen ist wie Dinkel ebenfalls ein sehr robustes Getreide. Es hat von allen Sorten den höchsten Ballaststoffanteil und ist sehr aromatisch. Das Geniale an Roggen: Er ist sehr lange haltbar und die Backwaren bleiben lange saftig. Für das schwedische Knäckebrot und die Vinschgauer mahle ich das Getreide am liebsten frisch oder nehme alternativ Roggenmehl Type 1150.

Wenn ich Lust auf eine glutenfreie Variation habe, verwende ich manchmal **Hanfmehl** oder **Polenta** und sehr gern auch **Buchweizenmehl** oder glutenfreie **Haferflocken**. Diese gesunden Getreideflocken sind im gut sortierten Bioladen oder im Reformhaus erhältlich und lassen sich im Multimixer ganz schnell zu feinem Hafermehl vermahlen. Wer keine Glutenintoleranz hat, kann für die Rezepte genauso gut normale, von Natur aus glutenarme Vollkorn-Haferflocken nehmen.

Buchweizen ist eine Heilpflanze aus der Familie der Knöterich-Gewächse und deshalb ein sogenanntes Pseudo-Getreide. Das Mehl der dreieckigen Körner hat ebenfalls ein nussiges Aroma, wirkt blutzuckersenkend und liefert wertvolle Proteine, Mineral- und Ballaststoffe. Zum Backen bevorzuge ich den milden Silberbuchweizen, tatarischer Buchweizen ist im Geschmack etwas bitterer. Buchweizenmehl mische ich meistens mit Dinkel.

SÜSSUNGSMITTEL

Meine Rezepte sind alle so entwickelt, dass sie auch mit wenig Zucker aromatisch und sehr genussvoll schmecken. In der Regel setze ich Zucker so sparsam wie möglich ein und nehme nur so viel, dass er das Aroma der anderen Zutaten unterstreicht. Reif geerntete Früchte haben von sich aus eine wunderbare Süße und auch eine gute Sahne aus biologischer Landwirtschaft benötigt keinen Zuckerzusatz.

Zum Backen verwende ich in minimalen Mengen **Rohrohrzucker** aus fairem Handel, der im Gegensatz zum weißen Industriezucker nicht so extrem raffiniert wurde und noch einige Mineralstoffe des Zuckerrohrs enthält. Dennoch, Zucker bleibt Zucker und wir sollten bewusst damit umgehen. Wenn in den Rezepten Rohrohrzucker genannt wird, meine ich damit den hellen, feinen Rohrohrzucker. Brauner Rohrohrzucker ist extra vermerkt. **Rohrohr-Puderzucker** ist in Bioqualität in vielen Supermärkten erhältlich. Mit einem Multimixer lässt er sich auch ganz einfach selbst herstellen.

Sehr gern arbeite ich auch mit **Kokosblütenzucker**. Er hat eine feine Karamellnote und passt sehr gut zu Dinkelvollkornmehl. Dieser natürliche Zucker aus den Blüten der Kokosnuss ist etwas teurer, lässt aber den Blutzucker nicht so schnell ansteigen und enthält viele Vitamine und Mineralstoffe.

Rührkuchen und Frischkäsecremes schmecken köstlich, wenn man sie mit **Honig** oder auch **Ahornsirup** süßt. Der aromatische kanadische Sirup schmeckt als Grad A am feinsten und ist ebenfalls ein langsamer Energielieferant. Ich kaufe ihn als hochwertiges Naturprodukt in Bioqualität. Der nachhaltige Anbau schlägt sich im Preis nieder, aber die Qualität lohnt sich. Genauso ist es beim naturbelassenen Honig vom Imker aus der Region. Zu wissen, wo meine Backzutat herkommt, ist mir wichtig. Der kaltgeschleuderte Honig wird mit viel Handarbeit und Liebe gewonnen und steckt mit all seinen Vitaminen und Mineralien voller gesunder Nährstoffe aus der Natur.

Ebenso wie **Apfelmus** oder **Bananen** benutze ich auch **Medjool-Datteln** in einigen Rezepten zum Süßen. Ganz frisch sind sie noch sehr weich und saftig. Nach dem Entsteinen lassen sie sich püriert am einfachsten verarbeiten. Ansonsten lege ich sie vorher noch für kurze Zeit in Wasser.

EIER

Eier benutze ich am liebsten aus biologischer Landwirtschaft oder von den freilaufenden Hühnern meiner Freundin Heike. Die Eier in den Rezepten beziehen sich, wenn nicht anders angegeben, auf Größe M.

FETTE UND ÖLE

Zum Backen verwende ich u.a. **Bio-Butter.** Margarine hatte in meiner Küche noch nie einen Platz. Auch kleine Molkereien in der Region produzieren oft aus der Milch der naheliegenden Bauern eine Butter in erstklassiger Qualität. Sie ist grundlegend für den feinen Geschmack der Kuchen und Gebäcke. In den Rezepten verwende ich sehr gern Nussbutter. Dafür wird die Butter so lange bei niedriger Hitze köcheln gelassen, bis der Milchzucker goldbraun karamellisiert. Der Duft, der dabei durch die Küche zieht, und das Aroma dieser Butter im Kuchen sind fantastisch!

Die Zugabe von Öl in Rührkuchen oder Biskuit verleiht dem Teig eine besondere Saftigkeit. Für meine Rezepte verwende ich **extra natives Olivenöl** oder **steirisches Kürbiskernöl**, meistens jedoch ein **neutrales Rapsöl**. Dieses Pflanzenöl hat ein sehr gutes Verhältnis von Omega-3- zu Omega-6-Fettsäuren.

Für vegane Müsliriegel, Kekse und rohe Kuchen benutze ich **natives Kokosöl**. Es ist eines der natürlichsten Fette mit vielen gesunden Eigenschaften. „Baum des Himmels“ wird die Kokospalme genannt. Es wirkt positiv auf den Stoffwechsel und regt sogar die Fettverbrennung an! Kokosöl ist von Natur aus fest und wird erst bei 21–25 °C flüssig. In meinen Rezepten verwende ich das Kokosöl von der Konsistenz her sowohl fest als auch flüssig und gebe es in den Rezepten dementsprechend an.

MILCHPRODUKTE

Milch und Milchprodukte kaufe ich in Bioqualität aus der Milch fair bezahlter Bauern und aus Respekt vor den Tieren, wenn immer möglich, von Kühen mit Hörnern! Dies erkennt man u.a. am Demeter-Siegel. Hörnertragende Kuhherden sind im Sommer den ganzen Tag auf der Weide und erhalten auch im Winterstall ausreichend Platz. Je artenreicher und ausgereifter ihr Grünlandfutter, desto besser sind die Gesundheit der Tiere und der Geschmack der Milch. Die Erfahrung zeigt, dass die Milch von hörnertragenden Kühen oft sogar für Menschen mit Laktoseintoleranz verträglich ist. Für meine Rezepte verwende ich **Kuhmilch 3,8 %, Schlagsahne, Joghurt 3,8 %, griechischen Joghurt 10 %, Schmand, Crème fraîche, Mascarpone, Magerquark, Frischkäse (Doppelrahmstufe), Camembert 45 % Fett i.T., Gruyère und Frischkäse aus Ziegenmilch.**

Für die Dattel-Mandel-Walnussfüllung der Nussbeugerl nehme ich eine pflanzliche, ungesüßte **Mandelmilch**. Ich mag die Kombination von Datteln, Nüssen und Mandeln sehr. Mandelmilch ist überall im Handel erhältlich und auch ganz einfach selbst herzustellen.

BACKTRIEBMITTEL

Als Backpulver nehme ich **Bio-Weinsteinbackpulver.** Dieses mildere Backpulver enthält als Säuerungsmittel anstatt Phosphat eine natürliche Weinsteinsäure und ist in jedem Bioladen erhältlich. Das Backergebnis ist das Gleiche.

Schon meine Großmutter verwendete **Natron**, um den Kuchen besonders locker werden zu lassen. Natron ist reines Natriumhydrogencarbonat und ein Bestandteil von Backpulver. Die Kombination von beidem lässt besonders Rührkuchen sehr luftig werden. Wichtig ist, Backpulver und Natron immer sehr sorgfältig nach Rezeptangabe abzumessen. Denn nichts ist für mich unangenehmer als ein nach Backpulver schmeckender Kuchen! Ich verwende Backtriebmittel deshalb immer nur so sparsam, dass sie ihren Zweck erfüllen, aber im Geschmack nicht erkennbar sind. Außerdem siebe ich Backpulver und Natron vor der Verwendung grundsätzlich mit dem Mehl. So entstehen keine Klümpchen im Teig.

Für Hefeteige benutze ich **frische Hefewürfel.** Sie sind in jedem Kühlregal zu finden und sorgen für beste Backergebnisse! Das Geheimnis eines jeden Hefeteiges ist Zeit und so nehme ich für meine Rezepte nur sehr wenig Hefe.

Die Vinschgauer haben einen hohen Roggenanteil. Zur Hefe gebe ich deshalb zusätzlich einen flüssigen reinen **Natur-Sauerteig** aus dem Kühlregal. Auch trockenen Roggen-Sauerteig-Extrakt aus dem Bioladen habe ich schon ausprobiert. Er braucht etwas mehr Wasser, aber beides funktioniert für dieses Rezept sehr gut.

BINDEMITTEL

Als Bindemittel für meine Kuchen verwende ich bei Bedarf neutrale **Mais-Stärke**. Sie eignet sich hervorragend zum Backen.

Bei glutenfreien Broten und Müsliriegeln sind für den Zusammenhalt der Zutaten **Chiasamen** und **Flohsamen** eine erstklassige Wahl. Werden sie mit Wasser vermengt, nehmen die kleinen Samenkerne die Flüssigkeit auf und es entsteht um sie herum ein klebriges Gel. Chiasamen und Flohsamen beeindrucken übrigens nicht nur durch ihre Quellfähigkeit, sondern auch durch ihre wertvollen Inhaltsstoffe. Sie sind reich an Antioxidantien, Proteinen und Ballaststoffen und wirken regulierend auf unsere Verdauung. Wichtig ist dabei, ausreichend zu trinken.

Bei meiner Himbeer-Mascarpone-Torte verzichte ich bewusst auf Gelatine. Stattdessen ermöglicht etwas **Sahnesteif** den nötigen Halt. Außerdem bevorzuge ich grundsätzlich einen **hellen Tortenguss** ohne künstlichen Farbstoff. Natürlicher **Himbeersirup** oder **roter Fruchtsaft** sorgen ebenfalls für eine tolle Farbe und wirken gleichzeitig als Süßkraft.

NÜSSE UND MANDELN

Ich liebe es, mit Nüssen und Mandeln zu backen! Wie Dinkelmehl gehören sie zur Basis meiner Rezepte und werden ganz, gehackt, gehobelt oder gemahlen verwendet. Um es vorwegzunehmen: Nüsse enthalten zwar viele Kalorien, aber sie sind trotz des hohen Fettgehalts sehr gesund für unseren Körper! Wir sollten deshalb jeden Tag ein paar Nüsse und Mandeln zu uns nehmen. Ihre Vitamine, Antioxidantien, Pflanzenstoffe, wertvollen Fette und Eiweiße schützen unseren Körper und helfen sogar beim Abnehmen!

Nüsse und Mandeln kaufe ich am liebsten ganz und röste sie vor dem Mahlen auf einem Blech im Ofen. Dadurch wird ihr Aroma noch intensiver und nussiger! Meine Erfahrung hat gezeigt, dass es besser ist, ein paar mehr Nüsse als im Rezept angegeben zu rösten, denn sie verlieren dabei etwas an Gewicht und die Versuchung, nachher ein paar zu naschen, ist einfach zu groß!

In meinen Rezepten verwende ich meistens ganze **Mandeln**, um sie erst zu rösten und nachher zu hacken oder zu mahlen. Zum Blanchieren werden die Mandeln erst mit kochendem Wasser übergossen und dann unter kaltem Wasser abgeschreckt. Die Schale lässt sich danach ganz leicht abziehen. Um sie zu mahlen, müssen sie vollständig getrocknet sein. Wenn es schnell gehen soll, kann man auch auf bereits geschälte Stifte, Blättchen oder gemahlene Mandeln zurückgreifen.

Walnüsse schmecken am besten aus der neuen Ernte und frisch geöffnet. Eine hervorragende Qualität ist ausschlaggebend für das feinste Backergebnis und höchsten Genuss!

Das Rösten von **Haselnüssen** ist leider etwas aufwändiger als bei Mandeln und Walnüssen, da sich die Schale dabei löst und erst mit einem Handtuch zwischen den Händen kräftig abgerieben werden muss. Doch die Arbeit lohnt sich!

Neben Mandeln, Walnüssen und Haselnüssen benutze ich **Cashewnüsse**, **grüne Pistazien**, **Pekannüsse**, **vorgegarte Maronen** und **Hanfsamen**. Letztere habe ich erst seit ein paar Jahren für mich entdeckt. Die feinen Nüsse stecken voller wertvoller Proteine, Vitamine, Mineralstoffe und Omega-3- und Omega-6-Fettsäuren und passen hervorragend zum Müsli!

KERNE UND SAMEN

Sonnenblumenkerne, geröstete steirische **Kürbiskerne** und **Sesam** sind ständige Begleiter in meiner Küche. Ob über den Salat gestreut, in Müsliriegeln, Broten oder als Topping für meine Frühstücksmuffins, ich verwende sie fast täglich. Denn sie stecken voller Proteine und wertvoller Mineralstoffe. Im Schraubglas verstaut halten sie sich im Kühlschrank am besten.

Mohn streue ich zur Verzierung gern als ganze Saat über Brötchen und Muffins. Damit sich das Aroma des Mohns im Kuchen und im Striezel bestmöglich entfaltet, lasse ich die blauen Saatkörner vorher im Reformhaus frisch quetschen.

Dunkle und helle **Leinsamen** sind sehr gut für den Stoffwechsel und stecken voller hochwertiger Inhaltsstoffe. Ich verwende sie in Müsli und Broten sowohl als Ganzes als auch frisch geschrotet.

GEWÜRZE UND AROMEN

In der Winterzeit verwandelt sich meine Küche in eine herrlich duftende Backstube. Allein beim Geruch all der weihnachtlichen Gewürze wird mir warm ums Herz. Werde ich nach meinen drei Lieblingsgewürzen gefragt, so zählen dazu sicherlich Ceylon-Zimt, Vanille und Zitrone. Alle Gewürze kaufe ich grundsätzlich in Bioqualität.

In meinen Rezepten verwende ich biologischen **Ceylon-Zimt** aus Sri-Lanka. Nicht nur sein Geschmack ist feiner und milder, auch optisch unterscheidet sich die Ceylon-Zimtstange durch ihre zarte, in vielen Schichten zusammengerollte Rinde vom günstigeren Cassia-Zimt. Aufgrund des vergleichsweise geringen Cumarin-Anteil ist Ceylon-Zimt außerdem deutlich gesünder.

Das frische Mark der **Vanilleschote** schmeckt so intensiv, dass für einen Kuchen manchmal eine halbe Schote ausreicht. Nach dem Auskratzen stecke ich die Schoten in ein Gefäß mit Zucker. Er nimmt nach etwas Zeit das Vanillearoma an und wird so zu feinstem natürlichem Vanillezucker.

Bio-Zitronen landen bei jedem Einkauf in meinem Korb. Zum Abreiben der Schale nehme ich eine scharfe Zitrusreibe. Sie ist neben einem guten Küchenmesser mein wichtigstes Küchenwerkzeug und auch auf Reisen immer dabei. Der Duft der Zitronenschale beim Reiben ist betörend. Ein kleiner Tipp: Nur die gelbe Schale abreiben, das Weiße der Zitrusfrüchte ist bitter. Für den Teig der Madeleines verwende ich ein paar Tropfen **natürliches Zitronenöl**. In Kombination mit Cashewnüssen greife ich am liebsten zu erfrischenden **Limetten**.

Neben Ceylon-Zimt, Vanille und Zitrone verwende ich in meinen Rezepten auch **getrocknete Rosenblüten**, **Nelken** (sowohl ganz als auch gemahlen), frisch geriebenen **Muskat**, **Ingwer** (kandiert, frisch geriebenen sowie gemahlenen), **Anis** (ganze Anissterne und Samen), **Kardamom** (als ganze Saat und gemahlen), **Lebkuchengewürz** und für die pikanten Backwerke frischen **Pfeffer** aus der Mühle, **Fenchelsamen**, **Kümmelsamen**, gemahlenen **Kreuzkümmel**, ganze **Koriandersamen** und gemahlenen **Schabzigerklee**.

Mein Kräutergarten liegt etwas geschützt am Haus und so schaffe ich es meist, **Thymian**, **Rosmarin** und **Salbei** zu überwintern. Auch im Winter hole ich ihre frischen Blätter und Nadeln in die Küche und verleihe den Tarteböden damit eine außergewöhnliche Note. Salbei und Zitrone, Rosmarin und Grapefruit oder auch Thymian und Zwiebel geben tolle Paare!

Zum Salzen verwende ich natürliches **Meersalz** sowie die zarte Salzblume, das so genannte **Fleur de Sel** von der französischen Atlantikküste. Sie ist das feinste aller Salze. Geschmacklich empfehle ich Fleur de Sel von den Salzbauern von Noirmoutier oder Guérande.

Auch Kakao und Schokolade dürfen in der Winterbäckerei nicht fehlen. Für meine Rezepte brauche ich neben ungesüßtem **Rohkakao-Pulver** hochwertige **Zartbitterschokolade** mit 70% Kakaoanteil, **Zartbitterschokoladen-Drops** sowie **weiße Schokoladen-Kuvertüre** (mit Rohrohrzucker gesüßt und mit 30% Kakaobutteranteil).

Zum Füllen von Kuchen und Keksen nutze ich eine aromatische **Himbeerkonfitüre** oder **Orangenmarmelade** mit jeweils mind. 70% Fruchtanteil.

Für den Christstollen, aber auch zum Verzieren meiner Lebkuchentorte oder zum Verbinden der Champignon-Kekse benutze ich in der Weihnachtszeit am liebsten natürliches **Honig-Marzipan**, das nur aus Mandeln und Honig hergestellt wurde. Es ist im Bioladen erhältlich.

Ein wenig **Rum** verleiht Mandelmassen und Teigen oft die geschmackliche Vollendung. Da er nur in geringer Menge gebraucht wird, genügt eine kleine Flasche von guter Qualität.

Rotwein und **Aceto-Balsamico-Essig** geben der französischen Tarte mit karamellisierten Zwiebeln ihr kleines i-Tüpfelchen.

OBST UND GEMÜSE

Der Spätherbst ist die Zeit der Ernte von **Äpfeln**, **Birnen** und zahlreichem **Wintergemüse**. Meine Lieblingsapfelbäume stehen im heimatlichen Garten meiner Eltern: Finkenwerder Herbstprinz, Goldparmäne und Freiherr von Berlepsch sind alte, aromatische Apfelsorten, die mich stets an den Geschmack meiner Kindheit erinnern werden. Auch den süß-säuerlichen Boskoop-Apfel, Topaz, Elstar oder Ingrid-Marie nehme ich gern zum Backen. Für Apfelkuchen kann auch heruntergefallenes, reifes Obst bestens verwertet werden! Zu meinen Lieblingsbirnensorten zählen sowohl die Konferenz-Birne als auch die Birne Abate Fetel.

Rote Beete, **Karotten**, **Pastinaken**, **Kürbisse** (Hokkaido und Butternut) und **Zwiebeln** werden im Spätherbst geerntet und lassen sich den ganzen Winter über an einem kühlen Ort lagern. Im Kapitel „Land" hole ich die alten Gemüsesorten in meine Küche und backe aus ihnen himmlische Kuchen und Torten. Zwiebeln werden für eine französische Tarte karamellisiert und mit Ziegenkäse und Thymian auf einem knusprigen Mürbeteig zum Aperitif serviert.

Der Winter ist auch die Zeit der Zitrusfrüchte, der **Orangen** und **Pampelmusen**! Ihnen widme ich in diesem Buch einen Polenta-Orangen-Kuchen und feine Mürbeteig-Tartelettes mit französischer Vanillecreme, filetierter Grapefruit und zartem Rosmarin.

Zitronat und **Orangeat** dürfen zu Weihnachten im Stollen natürlich nicht fehlen. Ich empfehle, kandierte Zitrusschalen unbedingt biologisch und so natürlich hergestellt wie möglich zu kaufen.

Fair-Trade-Bananen gibt es bei uns als Importware das ganze Jahr. Den Sommervorrat an **Himbeeren**, **Blaubeeren** und **Sauerkirschen** hole ich in der kalten Jahreszeit aus der Gefriertruhe bzw. aus den Gläsern im Vorratskeller und backe damit erfrischende Festtorten.

Auch getrocknete **Cranberrys**, **Rosinen**, **ungeschwefelte Aprikosen**, **Feigen**, **Pflaumen** und **Kokosraspel** sind Zutaten meiner Winterbäckerei.

MEIN KÜCHENZUBEHÖR

- Küchenmaschine
- Handrührgerät
- Multimixer
- Pürierstab
- Waffeleisen
- digitale Küchenwaage
- Messbecher
- große und kleine Rührschüsseln
- großer und kleiner Topf
- Pfanne
- großes und kleines Sieb
- großes und kleines scharfes Küchenmesser
- Sägemesser
- Mörser
- Sparschäler
- große und kleine Löffel

- Suppenkelle
- Zitrusreibe (Microplane)
- Vierkant-Gemüsereibe
- Backpinsel
- großer Schneebesen
- großer Spatel aus Silikon
- Winkelpalette
- große Palette
- Backrolle
- Knäckebrotrolle
- Backbrett
- Timer
- Backpapier
- Kuchengitter
- Tortenring
- Spritzbeutel mit einem langen Aufsatz

Backformen (dunkle Emailleformen besitzen exzellente Backeigenschaften und sorgen so für eine gute Krustenbildung, ansonsten verwende ich beschichtete Metall- und Silikonformen)

- je eine Springform 20, 26 und 28 cm Ø
- je eine Tarteform 26 und 28 cm Ø
- 6 Törtchenformen 10 cm Ø
- 20 Mini-Törtchenformen 6 cm Ø
- 12 kleine beschichtete Backformen (Schiffchen 7 cm lang oder Tartes 5 cm Ø)
- eine längliche Tarteform 36 x 12 cm mit Hebeboden
- eine Kastenform (32 x 11 x 7 cm)
- Zehn Minikastenformen 9,5 cm lang
- Gugelhupf-Form 22 cm Ø
- 6 kleine Silikon-Gugelhupfformen 7 cm Ø
- Muffin-Formen 4 und 7 cm Ø
- 12-er Madeleine-Backform
- eine ofenfeste Form ca. 22 x 28 cm oder 25 x 25 cm

Ausstechformen

- Kreis 4,5 cm und 5 cm
- Rechteck (4 x 5,5 cm) gerippt
- Tannenbaum 4 cm
- Albertle
- Lebkuchenmann 13 cm

SPÄTHERBST
LAND
Altes Land

ZUCKERFREI
GLUTENFREI
LAKTOSEFREI
VEGAN

HAFERKEKSE

ZUTATEN
FÜR 24 STÜCK

- 50 g Medjooldatteln, ohne Stein
- 115 g glutenfreie Haferflocken
- 30 g Buchweizenmehl
- 1 Prise Meersalz
- 30 g Walnüsse
- 50 g natives Kokosöl

Die Datteln in Würfel schneiden und in 50 ml kochendem Wasser einweichen.

In der Zwischenzeit 100 g Haferflocken mit dem Multimixer fein mahlen und in eine Schüssel geben. Die restlichen Haferflocken mit dem Buchweizenmehl und dem Salz dazugeben.

Die Walnüsse in der Pfanne leicht rösten, bis sie beginnen aromatisch zu duften. Die Nüsse auf einem Teller abkühlen lassen und im Multimixer ebenfalls fein mahlen. Die eingeweichten Datteln mit dem Wasser fein pürieren und mit dem festen Kokosöl zu den anderen Zutaten geben. Alles zu einem gleichmäßigen Teig verkneten. Den Teig zu einer Kugel formen und zwischen zwei Backpapieren 3 mm dick ausrollen. Mit einer Albertle-Ausstechform kleine Rechtecke ausstechen und auf ein mit Backpapier ausgelegtes Blech setzen. Die Kekse im Kühlschrank oder in der Gefriertruhe kühlstellen, bis sie kalt und fest sind.

In der Zwischenzeit den Backofen auf 150 °C (Umluft) vorheizen. Die Kekse 10 Minuten backen, auf einem Kuchengitter auskühlen lassen und dann nochmals 5 Minuten backen. Durch das sogenannte „Twice-Baking“ werden sie besonders knusprig.

Diese zuckerfreien Kinderkekse bleiben luftdicht in einer Dose verschlossen sehr lange knusprig. Sie sind der ideale Begleiter für kleine Abenteuerreisen in den Wald, aufregende Zugfahrten oder ein Picknick im Indianerzelt.

WINTER-PUMPKIN-MUFFINS

ZUTATEN
FÜR CA. 12 FÖRMCHEN (Ø 7 CM)

1 Butternusskürbis (ca. 1–1,2 kg) für 450 g Kürbispüree
80 g Kürbiskerne
80 g Walnüsse
4 Eigelb
150 g brauner Rohrohrzucker
225 ml neutrales Rapsöl
450 g Dinkelmehl, Type 630
1 gestr. TL Natron
1 gestr. TL Weinsteinbackpulver
1 TL gemahlener Ingwer
2 TL gemahlener Ceylon-Zimt
¼ TL frisch geriebener Muskat
1 Msp. gemahlene Nelken
4 Eiweiß
1 Prise Meersalz
abgeriebene Schale von 1 unbehandelten Zitrone
125 g Soft-Cranberrys

ZUM BESTREUEN:
20 g brauner Rohrohrzucker

etwas Butter und Dinkelmehl für die Form

Den Backofen auf 175 °C (Umluft) vorheizen. Die Muffinförmchen einfetten und leicht bemehlen.

Den Butternusskürbis zur langen Seite halbieren und das Kerngehäuse mit einem Löffel aushöhlen. Die beiden Kürbishälften mit der offenen Seite nach oben auf ein Blech legen und 1 Stunde im Ofen weich garen.

Die Kürbiskerne in einer heißen Pfanne ohne Öl rösten und auf einem Teller abkühlen lassen. Die Walnusskerne ebenfalls in einer heißen Pfanne goldbraun rösten, auf einem Teller auskühlen lassen und hacken.

Den gegarten Kürbis aus dem Ofen nehmen und das weiche Kürbispüree mit einem Löffel aus der Schale herausholen. 450 g von dem Kürbispüree abwiegen und abkühlen lassen.

Die Eigelbe und den Rohrohrzucker mit der Küchenmaschine oder mit einem Mixer zu einer hellen Creme aufschlagen. Dann das Öl unter Rühren in einem feinen Strahl dazugießen. Das Kürbispüree nach und nach unterrühren. Das Mehl, das Natron, das Backpulver, den Ingwer, den Zimt, den Muskat und die Nelken durch ein Sieb in eine Schüssel sieben. Das Eiweiß mit dem Salz steif schlagen. Jeweils ein Drittel des Eischnees und ein Drittel der Mehlmischung mit einem großen Spatel vorsichtig unter die Creme heben. Mit den anderen beiden Dritteln genauso verfahren. Zum Schluss die Zitronenschale, die Cranberrys, die Kürbiskerne und die Walnusskerne vorsichtig unter die luftige Masse heben.

Die Muffinförmchen bis zum Rand mit Teig befüllen und mit Rohrohrzucker bestreuen. Die Muffins 15 Minuten auf mittlerer Schiene backen. Danach den Ofen auf 145 °C herunterschalten und die Muffins weitere 20 Minuten goldbraun backen. Mit einem Stäbchen die Garprobe machen. Die Muffins aus der Form nehmen, auf einem Kuchengitter abkühlen lassen und genießen.

Diese herrlichen Kürbis-Küchlein sind eine Inspiration von einer Winterreise nach New York. Sie erinnern mich an einen langen Spaziergang auf der Highline und das anschließende Einkehren bei „Bobby's" mit dampfendem Tee und Pumpkin Bread.

LAKTOSEFREI
VEGAN

NUSSKUCHEN

ZUTATEN
FÜR EINE GUGELHUPF-FORM (Ø 22 CM)

60 g	Haselnüsse
60 g	Walnüsse
60 g	Mandeln
200 g	frisch gemahlenes feines Dinkelvollkornmehl (alternativ Type 1050)
1 TL	gemahlener Ceylon-Zimt
1 gestr. TL	Natron
1 TL	Weinsteinbackpulver
1 Prise	Meersalz
150 g	neutrales Rapsöl
150 g	Rohrohrzucker
200 g	Apfelmus
200 g	Zartbitterschokolade
etwas	neutrales Öl und Dinkelmehl für die Form

Den Backofen auf 180 °C (Umluft) vorheizen. Die Gugelhupfform einfetten und mit Mehl bestäuben.

Die Nüsse auf einem Blech verteilen, im Ofen rösten und auf einem Teller abkühlen lassen. Die Walnüsse und die Mandeln im Multimixer fein mahlen und in eine große Schüssel geben. Die Haselnüsse zwischen den Handflächen reiben, damit sich die Schale löst. Die geschälten Haselnüsse ebenfalls fein mahlen und zu den anderen Nüssen geben. Die Nüsse mit dem Dinkelmehl, dem Zimt, dem Natron, dem Backpulver und dem Salz mit dem Schneebesen verrühren.

Das Öl mit dem Zucker schaumig rühren. Dann das Apfelmus dazugeben und die trockenen Zutaten schnell und kurz unterrühren. Den Teig in die Form füllen und im Backofen auf mittlerer Schiene ca. 40 Minuten backen. Einen Stäbchentest machen. Den Kuchen 10 Minuten in der Form und anschließend auf einem Kuchengitter auskühlen lassen.

Die Schokolade über dem Wasserbad schmelzen und über den Nusskuchen gießen.

Aromatisch im Geschmack und zugleich locker und saftig von der Konsistenz: Für diesen Nusskuchen vereine ich alle Lieblingsnüsse und Mandeln und röste sie im Ofen, bis sie herrlich zu duften beginnen. Nach dem vollständigen Abkühlen vermahle ich sie zu feinem Nussmehl.

BIRNEN-PISTAZIEN-TARTE

ZUTATEN
FÜR EINE LÄNGLICHE TARTEFORM MIT HEBEBODEN (36 x 12 CM, ERGIBT 8 KUCHENSTÜCKE)

FÜR DEN TEIG:

- 100 g weiche Butter (Zimmertemperatur)
- 60 g Rohrohrzucker
- 1 Prise Meersalz
- 60 g gemahlene, geschälte Mandeln
- 3 EL mildes Olivenöl
- 140 g Dinkelmehl, Type 630

FÜR DEN BELAG:

- 75 g weiche Butter (Zimmertemperatur)
- 60 g Rohrohrzucker
- 1 Ei Größe L
- 60 g grüne Pistazien
- 30 g gemahlene, geschälte Mandeln
- 2 geh. TL Dinkelmehl, Type 630
- 6 weiche Mini-Birnen *(wenn die Birnen hart sind, die geschälten Birnen in 1 l Wasser mit 100 g Rohrohrzucker und 1 Ceylon-Zimtstange köcheln lassen, bis sie weich sind)*
- 20 g Honig

- etwas Butter und Dinkelmehl für die Form

Die Tarteform mit etwas Butter einfetten und leicht bemehlen.

Die Butter mit dem Rohrohrzucker und dem Salz zu einer hellen, cremigen Masse aufschlagen. Dann hintereinander die Mandeln, das Olivenöl und zum Schluss nach und nach das Mehl unterrühren. Den weichen Teig mit einem Löffel in die Form streichen und dabei außen einen Rand formen. Die Form mit Klarsichtfolie bedecken und im Kühlschrank oder in der Gefriertruhe so lange kühlen, bis der Teig kalt und fest ist.

In der Zwischenzeit den Backofen auf 175 °C (Umluft) vorheizen.

Den Tarteboden 15 Minuten auf der mittleren Schiene vorbacken.

In der Zwischenzeit für den Belag 60 g Butter mit dem Rohrohrzucker in der Küchenmaschine oder mit dem Mixer zu einer hellen Masse aufschlagen. Das Ei verquirlen und nach und nach unterrühren. 30 g Pistazien im Multimixer fein mahlen, mit den gemahlenen Mandeln und dem Mehl zur Masse hinzufügen. Die Pistazien-Mandel-Masse auf dem vorgebackenen Mürbeteig verteilen.

Die Birnen schälen und nebeneinander auf die Pistaziencreme setzen. Die Tarte 20 Minuten auf der mittleren Schiene backen und dann herausnehmen. In einem Topf die restliche Butter mit dem Honig zerlassen. Die restlichen Pistazien unter die Honig-Butter geben. Die Tarte mit den Pistazienkernen und der Honig-Butter bestreichen und weitere 15 Minuten im Ofen backen. In der Form auskühlen lassen und zum Servieren in ca. 3–4 cm breite Streifen schneiden.

Diese anmutige Birnen-Pistazien-Tarte ist wie eine kleine, zarte Praline zum Espresso.

BIRNEN-SCHMAND-KUCHEN

ZUTATEN
FÜR EINE SPRINGFORM (Ø 28 CM)

FÜR DEN MÜRBETEIG:

125 g	Dinkelmehl, Type 630
125 g	Buchweizenmehl
125 g	kalte Butter
1 TL	Weinsteinbackpulver
1	Ei
60 g	Rohrohrzucker
1 Prise	Meersalz

FÜR DIE FÜLLUNG:

500 ml	Milch
Mark von 1	Vanilleschote
150 g	Rohrohrzucker
80 g	Maisstärke
1 kg	Birnen
1	Ceylon-Zimtstange
2	Anissterne
600 g	Schmand oder Crème fraîche
1	Spritzer Zitronensaft
1	Päckchen heller Tortenguss
etwas	Butter und Dinkelmehl für die Form

Die Springform mit etwas Butter einfetten und mit Mehl bestäuben.

Für den Mürbeteig alle Zutaten mit der Küchenmaschine oder mit der Hand rasch zu einem glatten Teig kneten und in die Form drücken. An den Seiten einen 6–7 cm hohen Rand formen. Den Boden mit einer Gabel mehrmals einstechen, die Form mit Klarsichtfolie bedecken und in der Gefriertruhe oder im Kühlschrank so lange kühlen, bis der Boden kalt und fest ist.

In der Zwischenzeit den Backofen auf 180 °C (Umluft) vorheizen.

Für die Füllung 400 ml Milch mit dem Vanillemark, der ausgekratzten Schote und 100 g Rohrohrzucker langsam köcheln lassen, bis sich der Zucker aufgelöst hat. Die Stärke nach und nach mit der restlichen Milch verrühren, so dass keine Klümpchen entstehen. Die Vanilleschote aus der Milch herausnehmen und unter Rühren die Stärke dazugeben. Den Pudding in die Rührschüssel der Küchenmaschine oder des Mixers füllen und rühren, bis er abgekühlt ist, damit keine Haut entsteht.

Die Birnen schälen, vierteln, vom Kerngehäuse befreien und in ca. 1 cm große Würfel schneiden. In einen großen Topf füllen und mit 750 ml Wasser bedecken. Den restlichen Zucker und die Gewürze dazugeben und alles 10 Minuten bei niedriger Hitze köcheln lassen. Die Birnen über einem Sieb abgießen. 250 ml der Flüssigkeit für den Guss behalten.

Den Schmand und den Zitronensaft unter Rühren löffelweise mit dem Pudding vermengen. Die Masse auf dem vorgebackenen Boden verstreichen. Obendrauf die abgetropften Birnen setzen und den Kuchen 50 Minuten auf der mittleren Schiene backen.

Wenn der Kuchen aus dem Ofen kommt, ein Päckchen Tortenguss mit dem Birnensud aufkochen und auf den Birnen verteilen, so dass die ganze Kuchenoberfläche mit Guss bedeckt ist. Den Kuchen über Nacht kühl stellen, damit die Creme fest wird, und vor dem Servieren herausnehmen.

ROTE-BEETE-TORTE

mit Zitronenfüllung

ZUTATEN
FÜR EINE SPRINGFORM
(Ø 28 CM)

FÜR DEN TEIG:

200 g	frisch gemahlenes feines Dinkelvollkornmehl (alternativ Type 1050)
100 g	frisch gemahlene Mandeln
1 gestr. TL	Weinsteinbackpulver
1 gestr. TL	Natron
1 gestr. TL	gemahlener Ceylon-Zimt
½ gestr. TL	gemahlener Ingwer
2	Birnen
250 g	geschälte rohe Rote-Beete
4	Eigelb
135 g	Rohrohrzucker
250 ml	neutrales Rapsöl
2	Zesten von unbehandelten Zitronen
70 g	Rosinen
4	Eiweiß
1	Prise Meersalz

FÜR DAS FROSTING:

120 g	weiche Butter (Zimmertemperatur)
60 g	Rohrohr-Puderzucker
60 g	Ahornsirup
200 g	Frischkäse (Doppelrahmstufe)
2 TL	Zitronensaft
2	Zesten von unbehandelten Zitronen

Den Backofen auf 180 °C (Umluft) vorheizen. Die Springform mit Backpapier auslegen.

Das Mehl, die Mandeln, das Backpulver, das Natron, den Zimt und den Ingwer mit dem Schneebesen verrühren. Die Birnen schälen, vierteln, vom Kerngehäuse befreien und fein hobeln. Die Rote Beete grob reiben (wenn man die Hände mit etwas neutralem Öl einreibt, färbt die Rote Beete beim Schälen und Reiben weniger an den Händen). Die Eigelbe mit dem Rohrohrzucker zu einer hellen cremigen Masse schaumig schlagen. Anschließend nach und nach das Öl in einem feinen Strahl unterrühren. Nun die Mehl-Mandel-Mischung untermischen. Dann mit einem Metalllöffel die Rote Beete, die Birnen, die Zitronenzesten und die Rosinen mit der Masse vermischen, bis ein gleichmäßiger Teig entsteht. Zum Schluss das Eiweiß mit der Prise Salz steif schlagen und nach und nach vorsichtig unterheben.

Den Teig in die Springform füllen, glattstreichen und auf der mittleren Schiene 75 Minuten backen. Stäbchenprobe machen.

Den Kuchen aus der Form auf ein Kuchengitter stürzen und auskühlen lassen. Der untere glatte Boden ist nun die Oberseite.

Für das Frosting die Butter mit dem Puderzucker zu einer hellen Masse aufschlagen. Dann langsam unter Rühren den Ahornsirup dazugeben. Zum Schluss die restlichen Zutaten kurz unterrühren.

Den Kuchen zweimal horizontal in drei Schichten aufschneiden. Den untersten Boden mit der Creme bestreichen. Den mittleren Boden daraufsetzen, ebenfalls mit Creme bestreichen und mit dem letzten Boden bedecken. Den Deckel ebenfalls mit Creme bestreichen.

Rote Beete im Kuchen? Ja, unbedingt! Sie färbt den rohen Teig leuchtend pink und macht ihn sehr saftig, ohne geschmacklich zu dominieren. Das Aroma der Wintertorte ist nussig-fruchtig und mit der Zitronen-Frischkäse-Creme erfrischend zugleich. Wer mag, verziert sie mit Rote-Beete-Zesten.

ZIMTWOLKEN-APFELTRAUM

ZUTATEN
FÜR EINE SPRINGFORM (Ø 28 CM)

FÜR DEN MÜRBETEIG-BODEN:

125 g	frisch gemahlenes feines Dinkelvollkornmehl (alternativ Type 1050)
125 g	Dinkelmehl, Type 630
1 Prise	Meersalz
1 Prise	gemahlener Ceylon-Zimt
125 g	Butter
1	Ei
60 g	Rohrohrzucker

FÜR DIE FÜLLUNG:

1 kg	aromatische Äpfel (z.B. Elstar)
Saft von ½	Zitrone
500 ml	Apfelsaft
Mark von 1	Vanilleschote
60 g	Maisstärke
200 ml	Sahne
200 ml	Schmand oder Crème fraîche

ZUM BESTREUEN:

gemahlener Ceylon-Zimt und Rohrohrzucker

etwas	Butter und Dinkelmehl für die Form

Eine Springform fetten und mit Mehl bestäuben.

Für den Mürbeteig alle Zutaten rasch miteinander in der Küchenmaschine oder mit der Hand verkneten und auf den Boden der Form drücken. Außen einen 6–7 cm hohen Rand formen. Den Teigboden mehrmals mit der Gabel einstechen, die Form mit Klarsichtfolie bedecken und im Kühlschrank oder in der Gefriertruhe kühlen, bis der Teig kalt und fest ist.

In der Zwischenzeit den Backofen auf 180 °C (Umluft) vorheizen.

Den Teig etwa 10 Minuten hellbraun vorbacken.

Für die Apfel-Pudding-Füllung die Äpfel waschen, vierteln, das Kerngehäuse entfernen und das Fruchtfleisch mit Schale in ca. 1 cm große Würfel schneiden. Die Würfel mit dem Zitronensaft beträufeln, damit sie nicht braun werden. Die Äpfel mit 100 ml Wasser in eine hohe Pfanne füllen und offen dünsten, bis das Wasser verdampft ist.

In der Zwischenzeit 400 ml Apfelsaft mit dem Vanillemark und der ausgekratzten Schote zum Köcheln bringen. Die Stärke mit dem restlichen Apfelsaft verrühren. Die Vanilleschote herausnehmen und die Stärke unter Rühren in den kochenden Apfelsaft geben. Den Pudding einmal aufkochen lassen und dann mit den gedünsteten Äpfeln vermischen.

Die Puddingäpfel auf dem vorgebackenen Teig verstreichen. Die Torte ca. 30 Minuten backen. Den Rand der Springform abnehmen und die Torte auskühlen lassen.

Für die Schmand-Sahne die Sahne steif schlagen und dann den Schmand unterheben. Die Schmand-Sahne auf den Äpfeln verteilen und mit Zimt und feinem Rohrohrzucker bestreuen.

Draußen bläst der Wind den ersten Schnee zu hohen Wehen auf. Doch drinnen ist es gemütlich warm und wir genießen Apfelkuchen mit Zimt-Sahne.

LAKTOSEFREI
ZUCKERFREI

VOLLKORN-KÜRBIS-KUCHEN

ZUTATEN
FÜR EINE KASTENFORM (32 x 11 x 7 CM)

FÜR DEN TEIG:

30 g	Walnüsse
40 g	Haferflocken
120 g	frisch gemahlenes feines Dinkelvollkornmehl (alternativ Type 1050)
1 gestr.	TL Weinsteinbackpulver
½ gestr.	TL Natron
1 TL	gemahlener Ceylon-Zimt
½ TL	gemahlener Ingwer
1 Prise	gemahlene Nelken
3	Eigelb
100 g	Ahornsirup
130 g	mildes Olivenöl
3	Eiweiß
1 Prise	Meersalz
50 g	Rosinen
150 g	gewaschener, grob geriebener Hokkaidokürbis mit Schale

ZUM BESTREUEN:

30 g	gehackte Walnüsse

Den Backofen auf 180 °C (Umluft) vorheizen. Eine Kastenform mit Backpapier auslegen oder mit etwas Olivenöl einfetten und mit etwas Dinkelvollkornmehl bestäuben.

Die Walnüsse auf ein Blech legen und im Backofen rösten, bis sie beginnen aromatisch zu duften. Die Nüsse auf einem Teller abkühlen lassen, dann hacken und beiseitestellen.

Die Haferflocken im Multimixer fein mahlen, in eine Schüssel geben und mit dem Dinkelvollkornmehl, dem Backpulver, dem Natron, dem Zimt, dem Ingwer und den Nelken mit dem Schneebesen verrühren.

Die Eigelbe mit dem Ahornsirup zu einer hellen Creme aufschlagen. Dann das Olivenöl in einem feinen Strahl unter Rühren dazugeben. Die Eiweiße mit dem Salz steif schlagen. Jeweils ein Drittel des Eischnees, des Mehls, der Walnüsse, der Rosinen und des geriebenen Kürbisses auf den Teig legen und mit einem Spatel vorsichtig zusammen unterheben. Mit den anderen beiden Dritteln nacheinander jeweils genauso verfahren. Der Teig wird so besonders luftig.

Den Teig in die Kastenform füllen, mit den Walnüssen bestreuen und 40 Minuten backen. Den Kuchen aus der Form nehmen und auf einem Kuchengitter abkühlen lassen.

Ich liebe diesen luftig lockeren Kastenkuchen voller gesunder Zutaten! Er ist kühl gelagert lange haltbar und eignet sich ideal als Picknick zum Verreisen!

PASTINAKEN-TÖRTCHEN

ZUTATEN
FÜR EINE SPRINGFORM (Ø 20 CM)

FÜR DEN TEIG:

3	Eier
135 g	Rohrohrzucker
1 Prise	Meersalz
200 g	neutrales Rapsöl
50 g	Walnüsse
1 TL	gemahlener Ceylon-Zimt
1 Prise	frisch geriebener Muskat
½ TL	Kardamom
150 g	Dinkelmehl, Type 630
1 TL	Weinsteinbackpulver
½ TL	Natron
Zesten von 1	unbehandelten Orange
250 g	geschälte, grob geraspelte Pastinaken
50 g	geschälter, geraspelter Apfel

FÜR DAS FROSTING:

90 g	weiche Butter (Zimmertemperatur)
45 g	Rohrohr-Puderzucker
45 g	Ahornsirup
1 ½ TL	Zitronensaft
1 Msp.	unbehandelte Orangenzesten
260 g	Frischkäse

ZUM DEKORIEREN:

ein paar	feine unbehandelte Orangenzesten
etwas	Butter für die Form

Die Springform mit etwas Butter einfetten und mit dem Backpapier auslegen.

Die Eier trennen. Die Eigelbe mit dem Rohrohrzucker und dem Salz so lange rühren, bis eine helle Creme entsteht. Das Öl nach und nach dazugeben und unterrühren.

Die Walnüsse fein hacken und mit den restlichen Zutaten, außer den Orangenzesten, Pastinaken und Äpfeln, vermischen und ganz kurz unter die flüssige Creme rühren.

Den Backofen auf 180 °C (Umluft) vorheizen.

Die Orangenzesten, die Pastinake- und die Apfelraspel unter den Teig heben. Die Eiweiße sehr steif schlagen und vorsichtig in 3 Portionen unter die Masse heben. Den Teig in die Form füllen.

Den Pastinakenkuchen 45 Minuten backen. Aus der Form lösen und auf einem Kuchengitter auskühlen lassen.

Für das Frosting die Butter mit dem Puderzucker und dem Ahornsirup cremig rühren. Den Zitronensaft, die Orangenzesten und den Frischkäse dazugeben und unterrühren.

Den Kuchen mit einem Sägemesser zweimal quer durchschneiden. Ein Drittel der Creme auf den unteren Boden streichen, den zweiten Boden darauflegen und leicht andrücken. Den zweiten Boden ebenfalls mit Creme bestreichen. Zuletzt den Deckel auflegen und mit der restlichen Creme bestreichen, so dass der Rand dünn bedeckt ist (naked Effekt). Zum Schluss die Oberfläche mit Orangenzesten dekorieren.

Wer hätte gedacht, dass der süßliche Geschmack des winterlichen Wurzelgemüses in diesem Kuchen so köstlich ist!

GLUTENFREI
LAKTOSEFREI

NUSSWAFFELN

ZUTATEN
FÜR 5 STÜCK

65 g glutenfreie Haferflocken
65 g Mandeln
65 g Walnüsse
1 TL gemahlener Ceylon-Zimt
½ TL gemahlener Ingwer
1 Msp. Kardamom
3 Eigelb
3 EL Ahornsirup
100 ml Mandelmilch
3 Eiweiß
1 Prise Meersalz

etwas neutrales Öl zum Ausbacken der Waffeln

ZUM BESTÄUBEN:

etwas Rohrohr-Puderzucker, nach Belieben

ZUM SERVIEREN:

Apfelmus

Das Waffeleisen vorheizen. Die Haferflocken im Multimixer fein mahlen und in eine große Schüssel geben. Die Mandeln und die Walnüsse in einer Pfanne ohne Öl oder im heißen Backofen rösten, bis sie beginnen aromatisch zu duften. Die Nüsse auf einem Teller abkühlen lassen, im Multimixer fein mahlen und zu den Haferflocken geben. Die Gewürze sowie die Eigelbe, den Ahornsirup und die Mandelmilch dazugeben und alles zu einem glatten Teig verrühren.

Die Eiweiße mit dem Salz steif schlagen und nach und nach unter den Teig heben.

Das Waffeleisen mit Öl bepinseln und die Waffeln darin nach und nach goldbraun ausbacken. Die warmen Waffeln mit Puderzucker bestäuben und mit Apfelmus servieren.

An kalten Wintertagen versammeln wir uns am Nachmittag um den großen Küchentisch zum gemeinsamen Waffelbacken. Aus dem Vorratskeller wird ein Glas selbstgekochtes Apfelmus geholt, eine Schüssel voller Teig gerührt und ein Waffelherz nach dem anderen gebacken.

1/2 Cup
125ml

BIRNEN-DINKEL-MUFFINS

ZUTATEN
FÜR 12 MUFFINS-FÖRMCHEN (Ø 7 CM)

50 g	Walnüsse
100 g	Mandeln
4	mittelgroße Birnen (ca. 400 g)
2 EL	frisch gepresster Zitronensaft
150 g	neutrales Rapsöl
150 g	Rohrohr-Puderzucker
200 g	ungesüßtes Apfelmus
150 g	frisch gemahlenes feines Dinkelvollkornmehl (alternativ Type 1050)
150 g	Dinkelmehl, Type 630
1 geh. TL	gemahlener Ceylon-Zimt
1 Prise	Meersalz
1 gestr. TL	Natron
1 gestr. TL	Weinsteinbackpulver

ZUM BESTREUEN:

30 g	gehackte Walnüsse
etwas	Rapsöl und Dinkelmehl für die Förmchen

Den Backofen auf 175 °C (Umluft) vorheizen. 12 Muffinförmchen mit etwas Rapsöl einfetten.

Die Walnüsse und Mandeln auf einem Blech verteilen und auf der obersten Schiene im Backofen rösten, bis sie beginnen aromatisch zu duften. Auf einem Teller abkühlen lassen. Die Walnüsse hacken und beiseitestellen. Die Mandeln im Multimixer fein mahlen.

Die Birnen schälen, vierteln, vom Kerngehäuse befreien und in ca. 1 cm große Würfel schneiden. Die Birnenwürfel mit dem Zitronensaft beträufeln. Das Rapsöl mit dem Puderzucker verrühren. Dann das Apfelmus unterrühren. Die restlichen trockenen Zutaten in einer Schüssel mit dem Schneebesen verrühren und mit den gemahlenen Mandeln kurz und schnell unter die flüssige Masse rühren. Zum Schluss die Birnen und die gehackten Walnüsse unter den Teig heben.

Den Teig gleichmäßig in die Förmchen verteilen. Nach Belieben die Muffins noch mit den gehackten Walnüssen bestreuen. Die Muffins in etwa 25 Minuten auf der mittleren Schiene im Backofen goldbraun backen. Aus der Form nehmen und auf einem Kuchengitter auskühlen lassen.

Für Picknicke draußen in der Natur backe ich diese köstlichen Muffins in alten Emaille-Tassen. Je nach Tassengröße etwas mehr Backzeit einberechnen und mit einem Stäbchen die Garprobe machen.

SONNTAGSKUCHEN

Birne Helene

ZUTATEN
FÜR EINE TARTEFORM (Ø 28 CM)

FÜR DIE GEWÜRZBIRNEN:

6	Birnen
150 g	Rohrohrzucker
1	Ceylon-Zimtstange
2	Sternanis

FÜR DEN TEIG:

4	Eier
100 g	Rohrohrzucker
200 g	Zartbitterschokolade (70 % Kakaoanteil)
150 g	Butter
90 g	frisch gemahlene Mandeln
1 Prise	Meersalz

ZUM BESTREUEN:

Rohrohr-Puderzucker

etwas Butter und 10 g gemahlene Mandeln für die Form

Die Birnen schälen, vierteln und vom Kerngehäuse befreien. In einen Topf legen und mit ca. 1,5 l Wasser bedecken. Den Rohrohrzucker, den Zimt und den Sternanis dazugeben. Alles bei niedriger Temperatur köcheln lassen, bis die Birnen gar, aber noch bissfest sind.

In der Zwischenzeit den Backofen auf 180 °C (Umluft) vorheizen. Die Tarteform mit Butter einfetten und mit den gemahlenen Mandeln ausstreuen.

Die Eier mit dem Rohrohrzucker zu einer hellen Creme aufschlagen. Die Zartbitterschokolade mit der Butter in einer Schüssel über einem Wasserbad zum Schmelzen bringen und unter Rühren in einem feinen Strahl zu der Eiermasse geben. Zum Schluss die Mandeln und das Salz unterrühren.

Den Teig in die Form füllen und die Birnen hineinsetzen. Den Kuchen 25 Minuten auf der mittleren Schiene backen. Der Kern darf innen noch cremig sein. Mit etwas Puderzucker bestreuen und noch leicht warm servieren.

Wer mag, kann den Kuchen auch als kleinen Winterbirnentraum 10 Minuten in Muffinförmchen backen.

Wenn Gewürzbirnen sich mit flüssiger, dunkler Schokolade vereinen, entsteht ein himmlisch verführerisches Dessert. Dieser warme Schokoladenkuchen erinnert mich ein wenig an einen Moelleux au Chocolat mit flüssigem Kern.

NATUR

Einfach draußen sein.
Den Wind spüren. Die Wildgänse hören.
Rote Äpfel im Gras finden.

DIE SCHNÜRSTIEFEL mit dem karierten Innenfutter stehen noch auf ihrem gewohnten Platz im Keller. Im großen Korridorschrank findet sich eine passende Jacke für mich. Ich schlüpfe hinein und mir wird das Herz warm. So fühlt sich Heimat an. Ölzeug nennt man die wetterfesten Jacken hier in Norddeutschland. An stürmischen Herbsttagen sind sie die erste Wahl. Nicht nur für die Seeleute, auch für die Bauern, die jetzt im Alten Land ihre Apfelernte einbringen. Die Nordsee ist nicht weit und die Elbe ist ganz nah. Dieses besondere maritime Klima bietet seit Jahrhunderten beste Voraussetzungen für den Obstanbau. Moderne Plantagen, zunehmend ökologisch bewirtschaftet, ziehen sich großflächig über das Land. Die alten knorrigen Hochstämme, die einst hinter den reetgedeckten Fachwerkhäusern standen, sind selten geworden.

IM ELTERLICHEN GARTEN wächst ein Prinz, ein Finkenwerder Herbstprinz. In der gleichen Reihe, sehr aristokratisch, ein Freiherr von Berlepsch. Und daneben nicht weniger stattlich die Goldparmäne. Für jedes Kind wurde ein Apfelbaum gepflanzt. Bäume, über die es viel zu erzählen gab. Die Früchte, die wir bei der gemeinsamen Ernte in Holzkisten legten, erschienen uns kostbar und märchenhaft. Wie kann ein Apfel nach einer Ananas duften oder an den Geschmack von Nüssen erinnern? Warum fühlt sich die Schale an, als wäre sie mit einer dünnen Wachsschicht überzogen? In einer kleinen Mosterei durften wir an einem kalten Herbsttag den süßen Saft trinken, der gerade frisch aus der Presse getropft war. Und am Abend, wenn schon früh die Dämmerung einsetzte, roch es oft köstlich nach gefüllten Bratäpfeln aus dem Ofen. Solche Momente auf dem Land waren pures Glück.

MEIN VATER, ein Biologe, unternahm mit uns kleine Exkursionen in die freie Natur. Er erklärte uns Zusammenhänge, machte uns aufmerksam auf die kleinsten Käfer und den Gesang der Vögel. Heute ist mir bewusst, dass dieses frühe Heranführen an die Natur im Wechsel der Jahreszeiten eine wichtige prägende Erfahrung war. Auch die Entwicklung eines sehr feinen Geschmacksempfindens ist nur durch ein stetiges Kennenlernen, Ausprobieren und Vergleichen möglich.

IN DER KÜCHE auf dem Gasherd dampft ein Apfelpunsch, der mit ein wenig Zimt, Gewürznelke und Anis aromatisiert ist. Ich fülle den heißen Saft in eine Thermoskanne und mache mich auf den Weg ins nahe Auetal. In der Nacht hat es überraschend den ersten Raureif gegeben. Der Frost hat die weite Flusslandschaft in ein eisiges Zauberland verwandelt. Die blassen Schilfhalme bewegen sich leicht im Wind und wirbeln dabei feine Kristalle durch die Luft. Welch eine Kulisse für die Graugänse, die laut rufend über die Landschaft ziehen.

HASELNUSSROLLE

mit Orangen

ZUTATEN

FÜR FÜR ETWA 16 SCHEIBEN

150 g	Haselnüsse
4	Eigelb
100 g	Honig
1 Prise	Meersalz
4 EL	neutrales Rapsöl
140 g	frisch gemahlenes feines Dinkelvollkornmehl (alternativ Type 1050)
4	Eiweiß
3–4	Orangen
370 ml	Sahne
1–2 EL	Honig

ZUM DEKORIEREN:

etwas	Rohrohr-Puderzucker

Den Backofen auf 150 °C (Umluft) vorheizen.

Die Haselnüsse auf ein Backblech geben und im Backofen etwa 20 Minuten rösten. Bitte nicht zu dunkel, sonst schmecken die Nüsse leicht bitter! Die Nüsse auf ein Geschirrtuch geben, einwickeln und gegeneinander reiben, bis die Schale sich vollständig gelöst hat. 100 g Haselnüsse mit einem Kochmesser fein hacken, den Rest im Multimixer mittelfein mahlen.

Den Backofen auf 180 °C (Umluft) vorheizen. Ein Backblech mit Backpapier auslegen.

Die Eigelbe mit dem Honig, dem Salz und 3 EL Wasser zu einer hellen Creme aufschlagen. Das Öl löffelweise dazugeben und unterrühren. Das Mehl mit einem Schneebesen locker unter die Eimasse heben. Die Eiweiße steif schlagen und zuletzt unter den Biskuitteig heben.

Den Teig gleichmäßig auf dem Backblech verteilen, die Oberfläche mit den gehackten Nüssen bestreuen. Den Biskuitteig etwa 12 Minuten goldbraun backen. Danach das Blech aus dem Ofen nehmen und auf ein Tuch stürzen, das Papier abziehen und den Kuchen aufrollen.

Die Orangen mit einem Messer schälen, die weiße Haut dabei vollständig entfernen. Die Orangenfilets aus den Segmenten schneiden und würfeln.

Die Sahne steif schlagen. Den Honig und die gemahlenen Nüsse unterrühren. Den Biskuit entrollen, mit der Creme bestreichen und mit den Orangenwürfeln bestreuen. Den gefüllten Biskuit aufrollen. Vor dem Servieren abgedeckt etwa 1 Stunde gekühlt durchziehen lassen. Zum Schluss mit ein wenig Puderzucker bestäuben.

Beim Backen dieses Kuchens habe ich immer die Filmmusik aus „Drei Haselnüsse für Aschenbrödel“ im Kopf. Kein Winter vergeht ohne dieses zauberhafte Märchen.

KAROTTEN-HANF-KUCHEN

ZUTATEN
FÜR EINE FORM
(12 x 36 CM, ERGIBT 8 STÜCKE)

FÜR DEN TEIG:

- 1 Eigelb
- 45 g Rohrohr-Puderzucker
- 70 ml neutrales Rapsöl
- 1 Msp. gemahlener Ceylon-Zimt
- ⅓ gestr. TL Weinsteinbackpulver
- 1 Prise Natron
- 25 g Hanfmehl
- 25 g Buchweizenmehl
- 15 g Pekannüsse
- 80 g Karotten (ca. 2 kleine Karotten)
- 1 Eiweiß
- 1 Prise Meersalz

FÜR DAS FROSTING:

- 40 g weiche Butter (Zimmertemperatur)
- 20 g Rohrohr-Puderzucker
- 20 g Ahornsirup
- 130 g Frischkäse (Doppelrahmstufe)
- 1 TL Orangensaft
- Zesten von ½ unbehandelten Zitrone

ZUM VERZIEREN:

- 24 Pekannusshälften und unbehandelte Orangenzesten

Den Backofen auf 175 °C (Umluft) vorheizen. Die Form mit Backpapier auslegen.

Das Eigelb mit dem Puderzucker mit der Küchenmaschine oder einem Mixer zu einer hellen cremigen Masse aufschlagen. Dann das Öl unter schnellem Rühren in einem feinen Strahl in die Creme fließen lassen. In einer Schüssel den Zimt, das Backpulver, das Natron, das Hanfmehl und das Buchweizenmehl mit einem Schneebesen miteinander vermengen. Die Pekannüsse hacken. Die Karotten waschen, die Enden abschneiden und die Karotten raspeln. Das Eiweiß mit dem Salz steif schlagen. Jeweils ein Drittel des Mehls, der Karotten, der gehackten Pekannüsse und des Eischnees auf den Teig geben und mit einem Spatel vorsichtig unterheben. Mit den anderen beiden Dritteln nacheinander genauso verfahren. So wird der Teig besonders luftig!

Den Teig mit einem Spatel glatt in die Form streichen und 20 Minuten auf der mittleren Schiene backen. Den Kuchen zum Abkühlen aus der Form auf ein Kuchengitter stürzen und vorsichtig das Backpapier lösen.

Für das Frosting die Butter mit dem Puderzucker verrühren. Danach den Ahornsirup langsam unter Rühren dazugeben und den Frischkäse unterrühren. Zum Schluss den Orangensaft und die Zesten untermengen.

Den Karotten-Hanf-Kuchen in 8 kleine Stücke schneiden, mit dem Frosting bestreichen und mit den Pekannusshälften und den Orangenzesten verzieren.

Hanfmehl wird durch die Vermahlung der Saat gewonnen und ist sehr reich an pflanzlichem Eiweiß und Ballaststoffen. Sein Geschmack ist nussig mit einer zarten Bitternote. Es ist im Bioladen erhältlich und harmoniert im Karottenkuchen perfekt mit den Orangenzesten.

APFEL-STREUSEL-KUCHEN

ZUTATEN
FÜR EINE SPRINGFORM (Ø 28 CM)

FÜR DEN MÜRBETEIG:

- 150 g frisch gemahlenes feines Dinkelvollkornmehl (alternativ Type 1050)
- 150 g Buchweizenmehl
- 1 Ei
- 150 g kalte Butter
- Mark von ½ Vanilleschote
- 60 g Rohrohrzucker
- 1 Prise Meersalz

FÜR DEN BELAG:

- 900 g aromatische Äpfel
- 2 EL Zitronensaft

FÜR DIE STREUSEL:

- 80 g frisch gemahlenes feines Dinkelvollkornmehl (alternativ Type 1050)
- 80 g Buchweizenmehl
- 80 g Rohrohrzucker
- 100 g kalte Butter

- etwas Butter und Dinkelvollkornmehl für die Form

Die Springform einfetten und mit Mehl bestäuben.

Für den Mürbeteig alle Zutaten mit der Küchenmaschine oder mit der Hand rasch zu einem glatten Teig verkneten und in die Springform drücken. Außen einen ca. 6 cm hohen Rand formen. Den Boden mehrmals mit der Gabel einstechen, die Form mit Klarsichtfolie bedecken und den Teig im Kühlschrank oder in der Gefriertruhe kühlen, bis er kalt und fest ist.

In der Zwischenzeit den Backofen auf 180 °C (Umluft) vorheizen.

Den Mürbeteig 15 Minuten hellbraun vorbacken.

Die Äpfel waschen, vierteln, das Kerngehäuse entfernen und das Fruchtfleisch mit Schale in ca. 1 cm große Würfel schneiden. Die Apfelwürfel mit dem Zitronensaft beträufeln und mit 100 ml Wasser in einer hohen Pfanne dünsten, bis das Wasser verdampft ist.

Für die Streusel alle Zutaten in einer Schüssel mit den Händen zu Streuseln verkneten. Die gedünsteten Äpfel auf dem vorgebackenen Boden verteilen und mit reichlich Streuseln bedecken. Den Streuselkuchen ca. 30 Minuten auf der mittleren Schiene goldbraun backen.

Oft sind es die ganz einfachen Rezepte, die am besten schmecken: ein knuspriger Boden, fruchtiger Apfel und reichlich Streusel!

Wenn es draußen kälter wird und die Äpfel purpurrot geerntet werden, beginnt für mich die Zeit der romantischen Apfellichter! Sie erzählen von den Wintermonaten meiner Kindheit. Im Spätherbst holen wir die schönsten, roten Äpfel ins Haus, polieren sie mit einem Tuch und stechen mit einem Apfelausstecher den oberen Teil des Kerngehäuses aus. Eine Tannenbaumkerze wird unten mit etwas Alufolie umwickelt und in die Vertiefung gesteckt. Nach Belieben um die Kerze noch einen feinen Kranz aus zartem Koniferengrün legen und ein rotes Bändchen daranbinden.

HERBSTPRINZ-APFELKUCHEN

ZUTATEN
FÜR EINE TARTEFORM (Ø 26 CM)

- 150 g kalte Butter
- 300 g Dinkelmehl, Type 630
- 1 Prise Meersalz
- 80 ml eiskaltes Wasser
- 750 g Äpfel (z.B. Finkenwerder Herbstprinz)
- 1 TL Zitronensaft
- 15 g Rohrohrzucker
- 1 TL Maisstärke

ZUM BESTÄUBEN:

- etwas Rohrohr-Puderzucker
- etwas Butter und Dinkelmehl für die Form
- etwas Dinkelmehl für die Arbeitsfläche

Die Butter in Würfel schneiden und mit dem Mehl und dem Salz in eine Rührschüssel geben. Die Zutaten mit der Hand zu Streuseln vermischen. Das Wasser nach und nach dazugeben und alle Zutaten rasch zu einem geschmeidigen Teig verkneten. Den Teig in Klarsichtfolie wickeln und 10 Minuten kühl stellen.

Die Äpfel vierteln, schälen und das Kerngehäuse entfernen. Die Apfelviertel in dünne Scheiben schneiden und in eine Schüssel geben. Den Zitronensaft, den Rohrohrzucker und die Maisstärke über die Äpfel verteilen, alles vermischen und 10 Minuten durchziehen lassen.

Die Tarteform mit Butter einfetten und leicht mit Mehl bestäuben.

Den Teig halbieren. Eine Hälfte auf einer leicht bemehlten Arbeitsfläche 2–3 mm dick ausrollen und die Tarteform damit auskleiden. Die Äpfel auf dem Boden gleichmäßig verteilen.

Die zweite Hälfte des Teigs ebenfalls dünn ausrollen und nach Belieben Blätter ausstechen und Streifen schneiden. Die Äpfel damit dekorativ belegen. Alternativ den Teig dünn ausrollen und leicht gewellt auf die Äpfel legen. Den Kuchen mit Klarsichtfolie abdecken und 15 Minuten kühl stellen. So wird er beim Backen besonders knusprig.

In der Zwischenzeit den Backofen auf 180 °C (Umluft) vorheizen.

Den Kuchen 30–35 Minuten backen, bis die Ränder leicht braun werden. Nach dem Backen den Kuchen mit etwas Puderzucker bestäuben.

Nach einem arbeitsreichen Herbstnachmittag im Garten gibt es für mich nichts Schöneres als ein Stück warmer Apfelkuchen mit frisch geschlagener Sahne und einer Tasse Earl Grey. Wenn es schnell gehen soll, rolle ich den Teig glatt aus und bedecke die Äpfel mit einer gewellten Decke. Das schaut ebenfalls sehr nett aus!

APPLE CRUMBLE

mit salziger Karamellsauce

ZUTATEN
FÜR EINE AUFLAUFFORM
(25 x 25 CM)

FÜR DIE KARAMELLSAUCE:

50 g Rohrohrzucker
3 EL Wasser
50 g Butter
etwas Fleur de Sel
200 ml Sahne

FÜR DAS CRUMBLE:

750 g süß-säuerliche Äpfel
25 g brauner Rohrohrzucker
1 geh. TL gemahlener Ceylon-Zimt

FÜR DIE STREUSEL:

150 g Dinkelmehl, Type 630
90 g kalte Butter
75 g brauner Rohrohzucker
1 Prise Meersalz

Für die Karamellsauce den Zucker in einem Topf mit dem Wasser karamellisieren lassen. Dabei nicht umrühren! Wenn der Zucker eine hell- bis goldbraune Farbe angenommen hat, unter Rühren nach und nach die Butter in Flöckchen und das Fleur de Sel dazugeben. Sobald sich die Butter aufgelöst hat, unter weiterem Rühren nach und nach die Sahne dazugeben. Die Karamellsauce weitere 2–3 Minuten leicht köcheln lassen, bis sie dickflüssig geworden ist. In ein Kännchen füllen und abkühlen lassen, während der Crumble gebacken wird.

Den Ofen auf 190 °C (Umluft) vorheizen.

Die Äpfel vierteln, schälen, das Kerngehäuse entfernen und das Fruchtfleisch in feine Spalten schneiden. Die Apfelspalten in einer ofenfesten Form verteilen und mit dem Rohrohrzucker und dem Zimt bestreuen.

Für die Streusel das Mehl in eine Schüssel geben, die Butter in Würfeln hinzufügen. Das Mehl und die Butter zwischen den Handflächen verreiben, so dass Streusel entstehen. Zum Schluss den Rohrohrzucker und das Salz unter die Streusel mischen. Die Streusel gleichmäßig über die Äpfel verteilen.

Den Crumble auf der mittleren Schiene ca. 45 Minuten backen, bis die Streusel goldbraun sind. Etwas abkühlen lassen und noch warm mit der Karamellsauce genießen.

Dieses Dessert ist ideal für viele Gäste, denn es lässt sich hervorragend vorbereiten. Die Idee für das Rezept habe ich aus Schottland mitgebracht. Ich habe es immer wieder ein wenig verändert und den Zucker reduziert, nun ist es perfekt!

WALNUSS-KAROTTEN-KUCHEN

ZUTATEN
FÜR EINE SPRINGFORM (Ø 20 CM)

FÜR DEN TEIG:

3	Eier
135 g	Rohrohrzucker
1 Prise	Meersalz
200 g	neutrales Rapsöl
150 g	Dinkelmehl, Type 630
1 TL	Weinsteinbackpulver
½ TL	Natron
1 TL	gemahlener Ceylon-Zimt
50 g	Kokosraspeln
50 g	gehackte Walnüsse
200 g	geschälte, grob geraspelte Karotten

FÜR DAS FROSTING:

90 g	weiche Butter (Zimmertemperatur)
45 g	Rohrohr-Puderzucker
45 g	Ahornsirup
1 ½ TL	Zitronensaft
260 g	Frischkäse

ZUM DEKORIEREN:

etwas	geraspelte Karotte
etwas	Butter für die Form

Die Springform mit etwas Butter einfetten und mit dem Backpapier auslegen.

Die Eier trennen. Die Eigelbe mit dem Zucker und dem Salz so lange rühren, bis eine helle Creme entsteht. Das Öl nach und nach dazugeben und unterrühren.

Die restlichen Zutaten, außer den Karotten, miteinander vermischen und ganz kurz unter die flüssige Creme rühren.

Den Backofen auf 180 °C (Umluft) vorheizen.

Die Karotten mit einem Spatel unter den Teig geben. Die Eiweiße sehr steif schlagen und vorsichtig in 3 Portionen nacheinander unter die Masse heben. Anschließend den Teig in die Form füllen.

Den Kuchen 45 Minuten backen. Aus der Form lösen und auf einem Kuchengitter auskühlen lassen.

Für das Frosting die Butter mit dem Puderzucker und dem Ahornsirup cremig rühren. Den Zitronensaft und den Frischkäse dazugeben und unterrühren.

Den Kuchen mit einem Sägemesser zweimal quer durchschneiden. Ein Drittel der Creme auf den unteren Boden streichen, den zweiten Boden darauflegen und leicht andrücken. Den zweiten Boden ebenfalls mit Creme bestreichen. Zuletzt den Deckel auflegen und mit der restlichen Creme bestreichen. Die Oberfläche mit etwas geraspelter Karotte dekorieren.

Welch ein Fest für die Sinne! Ich liebe die Kombination des erfrischenden Frostings mit den nussig-fruchtigen Schichten!

MÜRBETEIGTÖRTCHEN

mit Mandel-Walnuss-Karamell

ZUTATEN
FÜR ETWA 20 TÖRTCHEN (Ø 6 CM)

FÜR DEN TEIG:

110 g	Dinkelmehl, Type 630
1 Prise	Meersalz
15 g	geschälte, gemahlene Mandeln
30 g	Rohrohr-Puderzucker
65 g	kalte Butter
1 kleines	Ei (Größe S) oder 1 Ei Größe L verquirlen und teilen

FÜR DEN BELAG:

60 ml	Sahne
75 g	Rohrohr-Puderzucker
30 g	weiche Butter (Zimmertemperatur)
80 g	Walnusshälften
80 g	Mandelstifte
1 Prise	Fleur de Sel

etwas	Butter für die Förmchen
etwas	Dinkelmehl für die Arbeitsfläche

Das Mehl, das Salz, die Mandeln und den Puderzucker in eine Rührschüssel geben. Die Butter in Würfel schneiden, hinzufügen und alles vermengen, bis Streusel entstehen. Das Ei verquirlen, dazugeben und alles rasch zu einem glatten Teig kneten. Den Teig in Klarsichtfolie einwickeln und 30 Minuten kühl stellen.

In der Zwischenzeit die Förmchen mit der Butter einfetten. Den Backofen auf 180 °C (Umluft) vorheizen.

Auf einer leicht bemehlten Arbeitsfläche den Teig 3 mm dick ausrollen. In der Größe der Tartelettes Kreise ausstechen und in die Förmchen legen. Mit einer Gabel die Teigböden einstechen. Die Förmchen auf ein Backblech stellen und 15–17 Minuten leicht braun backen. Nach dem Backen aus der Form lösen und auf einem Kuchengitter auskühlen lassen.

Die Sahne in einem Topf leicht erwärmen. Den Puderzucker und 1 EL Wasser in eine Pfanne mit schwerem Boden geben und bei milder Hitze schmelzen lassen. Nicht rühren, nur die Pfanne leicht schwenken. Wenn der Zucker beginnt, eine blonde Farbe anzunehmen, die Butter in Würfeln dazugeben und unterrühren. Die Pfanne vom Herd nehmen, die Sahne unterrühren. Zum Schluss die Nüsse, die Mandeln und das Fleur de Sel dazugeben. Die Nussmasse auf den Törtchen verteilen und auskühlen lassen.

Wenn im Herbst die Erntezeit der neuen Walnüsse beginnt, backe ich diese kleinen Törtchen und tauche die frisch geöffneten Nüsse in goldbraunes Karamell.

ZUCKERFREI
LAKTOSEFREI
VEGAN

ZWETSCHGEN-WALNUSS-BROT

ZUTATEN
FÜR EINE KASTENFORM (32 x 11 x 7 CM)

- 10 g frische Hefe
- 100 ml lauwarmes Wasser
- 375 g frisch gemahlenes feines Dinkelvollkornmehl oder Type 1050
- 250 ml Wasser
- 10 g Meersalz
- 250 g Trockenpflaumen, ohne Stein
- 200 g Walnusskerne

ZUM DEKORIEREN:

- 50 g Walnusskerne
- etwas Dinkelvollkornmehl

FÜR DIE FORM:

- etwas neutrales Rapsöl und Dinkelmehl für die Form

Die Hefe in 100 ml lauwarmem Wasser auflösen und mit 125 g Mehl vermengen. Diesen Vorteig 30 Minuten an einem warmen Ort gehen lassen.

Danach das restliche Mehl, das Wasser und das Salz dazugeben und alle Zutaten mit der Küchenmaschine oder mit der Hand so lange kneten, bis ein sehr elastischer Teig entsteht. Den Teig etwa 1 Stunde locker aufgehen lassen.

In der Zwischenzeit die Trockenpflaumen mit einem Messer halbieren.

Eine Kastenform leicht mit Butter einfetten und mit dem Backpapier auslegen.

Die Pflaumen und die Walnüsse unter den Teig kneten. Den Teig in die Form füllen und glattstreichen. Die Oberfläche mit den Walnüssen dekorieren und ganz leicht mit Mehl bestreuen. Die Form mit einem Tuch abdecken und das Brot nochmals 30 Minuten aufgehen lassen.

Den Backofen auf 200 °C (Umluft) vorheizen.

Das Brot 30 Minuten bei 200 °C und danach bei 180 °C nochmals 30 Minuten backen. Nach dem Backen das Brot aus der Form stürzen und auskühlen lassen.

Freunde einladen, Käse kaufen, eine Flasche Wein öffnen und dazu dieses Brot servieren: So ist ein wunderschöner Abend garantiert!

NOVEMBER

KÜSTE

Normandie

MADELEINES

ZUTATEN
FÜR ZWEI 12ER MADELEINES-BACKFORMEN

180 g	Butter
3	Eier
1	Eigelb
100 g	Rohrohrzucker
1 Prise	Meersalz
150 g	Dinkelmehl, Type 630
50	Maisstärke
1 TL	Weinsteinbackpulver

FÜR DIE GLASUR:

50 g	weiße Kuvertüre (30 % Kakaoanteil, mit Rohrohrzucker gesüßt)
1	Tropfen natürliches Zitronenöl
etwas	Butter für die Form

Zuerst die Nussbutter herstellen. Dafür die Butter in einen kleinen Topf geben und auf dem Herd bei niedriger Temperatur erhitzen, bis sie eine leicht braune Färbung annimmt und aromatisch duftet. Die so entstandene Nussbutter in eine Schüssel füllen und abkühlen lassen. Es sollten jetzt ca. 130 g flüssige Nussbutter sein, die weiterverwendet wird.

Die Eier, das Eigelb, den Rohrohrzucker und das Salz in eine Rührschüssel geben und mit den Quirlen des Handrührgeräts zu einer hellen Creme aufschlagen. Das Dinkelmehl, die Maisstärke und das Backpulver vermischen, über die Eicreme sieben und nur kurz unterheben. Zum Schluss die Nussbutter langsam dazugießen und unterrühren. Den Teig mit Klarsichtfolie abdecken und für 12 Stunden in den Kühlschrank stellen.

Den Backofen auf 180 °C (Umluft) vorheizen. Die Backform mit etwas Butter einfetten.

Mit Hilfe von zwei Teelöffeln den Teig in die Vertiefungen der Form einfüllen. Die Madeleines etwa 8–9 Minuten goldbraun backen. Nach dem Backen vorsichtig aus der Form lösen und auf einem Kuchengitter auskühlen lassen.

Die Kuvertüre auf einem Wasserbad schmelzen, das Zitronenöl hinzufügen. Die Spitze der Madeleines mit der weißen Kuvertüre bestreichen und trocknen lassen.

Die Winterstimmung am Meer ist oft magisch. Kraftvoll peitscht der kalte Wind die Wellen immer wieder an das raue Felssteinufer. Staunend spüre ich die Energie des Wassers und genieße die Weite des Horizonts. Die Meeresluft macht auch hungrig: Wie schön, dass die Madeleines schon fertig sind!

NORMANNISCHE APFELTARTE

ZUTATEN
FÜR EINE TARTE (Ø 28 CM)

FÜR DEN TEIG:

- 360 g Dinkelmehl, Type 630
- 1 Prise Meersalz
- 45 g Rohrohrzucker
- abgeriebene Schale von 1 unbehandelten Zitrone
- 225 g kalte Butter
- 50 ml kalte Sahne

FÜR DAS APFELMUS:

- 2 Äpfel
- 1 Prise Rohrohrzucker nach Bedarf

FÜR DEN BELAG:

- 1,25 kg Äpfel
- 2 EL Zitronensaft
- 30 g Butter
- 30 g Rohrohrzucker

- etwas Butter für die Tarteform
- etwas Dinkelmehl für die Arbeitsfläche

Die Tarteform mit etwas Butter einfetten. Für den Teig das Mehl, das Salz, den Rohrohrzucker und die Zitronenschale in eine Rührschüssel geben. Die Butter in Würfel schneiden, hinzufügen und alles schnell mit der Hand zu feinen Streuseln vermischen. Zuletzt die Sahne dazugeben und alles zu einem glatten Teig verkneten. Den Mürbeteig auf einer bemehlten Arbeitsfläche gleichmäßig in der Größe der Form ausrollen. Den Teig in die Form legen, dabei einen kleinen Rand formen. Die Form für ca. 30 Minuten kalt stellen.

Für das Apfelmus die Äpfel schälen, das Kerngehäuse entfernen. Das Fruchtfleisch in Würfel schneiden und in einen kleinen Topf geben. 2 EL Wasser dazugeben und die Äpfel darin weich kochen. Nach Bedarf mit einer Prise Rohrohrzucker abschmecken. 170 g Apfelmus abwiegen und abkühlen lassen.

Für den Belag die Äpfel schälen, vierteln, das Kerngehäuse entfernen und das Fruchtfleisch in feine Spalten schneiden. Die Spalten mit dem Zitronensaft beträufeln. Die Butter in eine Pfanne geben, die Spalten darin leicht andünsten. Beiseite stellen und abkühlen lassen.

Den Backofen auf 180 °C (Umluft) vorheizen. Den Mürbeteig gleichmäßig mit dem Apfelmus bestreichen und danach die Äpfel dachziegelartig darauflegen. Mit dem Rohrohrzucker bestreuen und 30 Minuten goldbraun backen.

Dieser Kuchen erinnert mich an die feinen Köstlichkeiten in einem französischen Salon de Thé. Noch leicht warm, mit einem Klecks Sahne, ist diese Tarte unvergleichlich!

GALETTE DES ROIS

ZUTATEN
FÜR EINEN KUCHEN
(Ø 28 CM)

250 g	Dinkelmehl, Type 630
5 g	Meersalz
150 g	eiskalte Butter
150 g	eiskaltes Wasser

FÜR DIE FÜLLUNG:

165 g	weiche Butter (Zimmertemperatur)
115 g	Rohrohr-Puderzucker
1 Prise	Meersalz
3	Eier
150 g	geschälte, gemahlene Mandeln
3 TL	Rum

ZUM BESTREICHEN:

1	Eigelb
1 EL	Milch
etwas	Dinkelmehl für die Arbeitsfläche

TIPPS

Wenn es schnell gehen muss: 2 runde Butter-Blätterteige Ø 28 cm aus dem Kühlregal nehmen.

Zum Dreikönigstag wird in Frankreich dieser Kuchen gebacken. Dort ist es Tradition, eine kleine Porzellanfigur in der Füllung zu verstecken. Wer sie findet, darf sich an diesem Tag als König fühlen und die Krone aufsetzen: (s. Bild S. 75, die Anleitung findet sich auf S. 237).

Das Mehl und das Salz in einer Rührschüssel vermischen. Mit einer Gemüsereibe die Butter darüber raspeln. Das Mehl und die Butter rasch zu Streuseln vermengen. Das Wasser hinzufügen und alles schnell zu einem glatten Teig kneten. Den Teig in Klarsichtfolie einschlagen und 1 Stunde kühl stellen.

Auf einer leicht bemehlten Arbeitsfläche den Teig 1 cm dick ausrollen. Die Teigfläche soll dreimal so lang wie breit sein, z.B. 15 x 45 cm. Den Teig von beiden Seiten einschlagen, so dass ein Quadrat aus drei Lagen Teig entsteht. Den Teig um 90 Grad drehen und wiederum zu einem Rechteck, wie beim ersten Mal, ausrollen und wiederum einschlagen. Den Teig in Klarsichtfolie einwickeln und 1 Stunde kühlen. Danach nach dem gleichen Prinzip zweimal ausrollen und erneut 1 Stunde kühlen. Dann wiederum zweimal ein Rechteck ausrollen, zusammenklappen und ein letztes Mal 1 Stunde kühlen.

Währenddessen für die Füllung die Butter mit dem Puderzucker und dem Salz cremig aufschlagen. Die Eier verquirlen und nach und nach unterrühren. Zuletzt die Mandeln und den Rum unter die Creme rühren.

Den Backofen auf 180 °C (Umluft) vorheizen. Ein Backblech mit Backpapier auslegen.

Den Teig halbieren. Eine Hälfte etwa 4 mm dick ausrollen. Einen Tortenboden von 28 cm Ø darauflegen, diese Kontur ausschneiden. Mit einem Tortenheber den Teig auf das Blech legen. Die Füllung gleichmäßig darauf verteilen, dabei einen Rand von 3 cm frei lassen. Die zweite Teighälfte genauso ausrollen. Den Rand des unteren Bodens mit Wasser bestreichen. Den zweiten Teigboden als Deckel auflegen und die Ränder sorgfältig zusammendrücken.

Zum Verzieren der Kante zwei Fingerspitzen im Abstand von 5 cm auf den Rand drücken. Genau dazwischen mit einem kleinen Messer den Rand leicht nach innen ziehen. So entsteht eine Bogenkante. Mit einer Nadel zwei-, dreimal in die Kuchenmitte einstechen, damit der Dampf beim Backen entweichen kann. Das Eigelb mit der Milch verquirlen und die Oberfläche damit bestreichen. Den Kuchen ca. 30 Minuten goldbraun backen. Auf einem Gitter auskühlen lassen und möglichst frisch servieren.

HASELNUSS-FINANCIERS

ZUTATEN
FÜR CA. 15 MINI-MUFFINFÖRMCHEN (Ø 4 CM, SILICON)

85 g	Haselnüsse
130 g	Butter
125 g	Eiweiß (von ca. 4 Eiern)
65 g	Rohrohr-Puderzucker
45 g	frisch gemahlenes feines Dinkelvollkornmehl (alternativ Type 1050)
½ gestr. TL	gemahlener Ceylon-Zimt
¼ gestr. TL	gemahlener Kardamom
1 Prise	Meersalz

ZUM VERZIEREN:

40 g	Rohrohr-Puderzucker
¼ TL	gemahlener Ceylon-Zimt
etwas	Butter für die Förmchen

Den Backofen auf 180 °C (Umluft) vorheizen. Die Förmchen dünn einfetten.

Die Haselnüsse auf ein Blech verteilen und auf der oberen Schiene so lange im Ofen rösten, bis die Haut einreißt.

In der Zwischenzeit die Butter in einen kleinen Topf geben und auf dem Herd bei niedriger Temperatur erhitzen, bis sie eine leicht braune Farbe annimmt und aromatisch duftet. Die so entstandene Nussbutter in eine Schüssel füllen und auf Zimmertemperatur abkühlen lassen.

Die gerösteten Haselnüsse in ein Geschirrtuch einschlagen und gegeneinander reiben, so dass sich die Schale ablöst. 15 geschälte Haselnüsse für die Dekoration beiseitelegen. Die restlichen Haselnüsse fein mahlen und mit allen anderen Zutaten in einer Schüssel zu einem glatten Teig verrühren.

Den Teig bis zum oberen Rand in die Förmchen füllen und ca. 20 Minuten goldbraun backen. Die Financiers aus der Form herausnehmen, auf ein Kuchengitter setzen und nochmals 2–3 Minuten im Backofen backen.

Die Financiers abkühlen lassen. Aus Puderzucker, Zimt und 3 TL Wasser einen dickflüssigen Guss rühren. Die Financiers mit dem Zimtguss bestreichen und in der Mitte mit je einer Haselnuss verzieren.

Die königlichen Haselnuss-Törtchen sind feine Gaumenschmeichler! Wann immer bei einem Rezept nur die Eigelbe gebraucht werden, rühre ich aus den Eiweißen schnell ein paar Financiers. Wer möchte, kann dafür auch gemahlene Mandeln verwenden.

GLUTENFREI
LAKTOSEFREI

POLENTA-ORANGEN-KUCHEN

ZUTATEN
FÜR EINE SPRINGFORM (Ø 26 CM)

FÜR DEN TEIG:

- 2 kleine unbehandelte Orangen (350 g)
- 1 unbehandelte Zitrone
- 4 Eier
- 100 g brauner Rohrohrzucker
- 80 g neutrales Rapsöl
- 100 ml frisch gepresster Orangensaft (von ca. 2 Orangen)
- 180 g geschälte, gemahlene Mandeln
- 150 g Instant-Polenta
- 2 gestr. TL Weinsteinbackpulver
- 1 Prise Meersalz

FÜR DEN BELAG:

- 3 unbehandelte Orangen
- ½ Vanilleschote
- 2 EL Orangenblütenhonig
- 150 ml heißes Wasser
- 60 g Orangenmarmelade

ZUM FÜLLEN:

- 100 g Orangenmarmelade

- etwas neutrales Rapsöl und geschälte gemahlene Mandeln für die Form

TIPP

Dieser Kuchen ist etwas aufwändiger, doch er könnte genussvoller nicht sein!

Die Zitrusfrüchte für den Teig waschen, in einen Topf geben und mit Wasser bedecken. Ein Stück Backpapier auf das Wasser legen, so bleiben die Früchte unter der Wasseroberfläche. 30 Minuten köcheln lassen.

In der Zwischenzeit den Boden einer Springform mit Backpapier in den Rand spannen. Das überstehende Backpapier abschneiden. Die Seiten mit Rapsöl einfetten und mit gemahlenen Mandeln ausstreuen.

Für den Belag die Orangen waschen, in 0,5 cm feine Scheiben schneiden und nebeneinander in eine große Pfanne legen. Die Vanilleschote längs halbieren. Das Mark herauskratzen, mit dem Honig und dem heißen Wasser vermengen und auf die Orangen gießen. Die ausgekratzte Vanilleschotenhälfte dazugeben und alles so lange köcheln lassen, bis das Wasser verdampft ist. Den Boden der Springform gleichmäßig mit den Orangenscheiben auslegen.

Den Backofen auf 180 °C (Umluft) vorheizen.

Für den Teig die Eier mit dem Rohrohrzucker schaumig schlagen. Das Öl unter Rühren in einem feinen Strahl dazugeben. Die fertig gekochten Orangen und die Zitrone aus dem Wasser herausnehmen, in feine Stücke schneiden, gegebenenfalls Kerne herausnehmen und die Zitrusstücke zusammen mit dem Orangensaft in einem hohen Gefäß pürieren. Das Zitruspüree und die Mandeln unter die Eier-Zucker-Masse rühren. Die Polenta, das Backpulver und das Salz mit dem Schneebesen in einer Schüssel verrühren und nach und nach unter den Teig heben. Den Teig in die Form auf die Orangen gießen und glattstreichen.

Den Kuchen im Backofen auf mittlerer Schiene ca. 50 Minuten goldbraun backen. Den Kuchen vorsichtig vom Rand lösen und auf eine Tortenplatte stürzen.

Die Orangenmarmelade in einem kleinen Topf erhitzen und mit dem Pinsel auf den noch heißen Orangen verteilen.

Zum Füllen den ausgekühlten Kuchen einmal horizontal in der Mitte durchschneiden. Den unteren Boden mit der Orangenmarmelade bestreichen und mit dem oberen Boden bedecken. Den Kuchen vor dem Anschneiden am besten über Nacht durchziehen lassen. Gekühlt bleibt er über mehrere Tage frisch.

PROFITEROLES

mit Karamellhaube

ZUTATEN
FÜR CA. 30 STÜCK

FÜR DEN TEIG:

125 ml	Wasser
¼ TL	Meersalz
1 gestr. TL	Rohrohrzucker
50 g	Butter
75 g	Dinkelmehl, Type 630
110 g	verquirlte Eier (entspricht ca. 1–2 Eiern)

FÜR DAS KARAMELL:

90 g	Rohrohr-Puderzucker
3 EL	Wasser

FÜR DIE FÜLLUNG:

245 g	Milch
35 g	Rohrohrzucker
Mark von ½	Vanilleschote
3	Eigelb
30 g	Dinkelmehl, Type 630
75 g	Sahne

Den Backofen auf 180 °C (Umluft) vorheizen.

Das Wasser, das Salz, den Rohrohrzucker und die Butter in einem Topf aufkochen lassen. Das Mehl einrühren und mit einem Kochlöffel so lange rühren, bis ein großer Kloß entsteht, der sich leicht vom Boden löst. Den Teig in eine kalte Schüssel füllen und unter kräftigem Rühren mit einem Holzlöffel die verquirlten Eier in kleinen Portionen unterrühren, bis zum Schluss eine glänzende, elastische Masse entstanden ist.

Den Teig in einen Spritzbeutel füllen und walnussgroße Tupfer auf ein mit Backpapier ausgelegtes Backblech spritzen. Alternativ kann man mit zwei Teelöffeln auch kleine Häufchen auf das Blech setzen. Die Windbeutel ca. 20–30 Minuten goldbraun backen. Die Backofentür während des Backens nicht öffnen! Die fertigen Windbeutel auf einem Kuchengitter komplett auskühlen lassen.

Den Puderzucker mit dem Wasser in einem Topf karamellisieren lassen. Wenn der Zucker eine braune Farbe bekommen hat, die Windbeutel von einer Seite kurz in das Karamell tauchen.

Für die Vanillecreme die Milch mit 20 g Rohrohrzucker und dem Vanillemark aufkochen. In einer Schüssel den restlichen Zucker, die Eigelbe und das Mehl mit einem Schneebesen zu einer gleichmäßigen Masse verrühren. Die kochende Milch nach und nach unter die Eiermasse rühren. Alles zurück in den Topf geben und unter ständigem Rühren 2 Minuten köcheln lassen. Die Vanillecreme in eine Schale füllen und abkühlen lassen. Klarsichtfolie direkt auf die Creme legen, dann bildet sich keine Haut.

Die Sahne steif schlagen und mit den Quirlen des Handrührgerätes unter die abgekühlte Creme rühren. Sie hält sich in einem Glas verschlossen einige Tage im Kühlschrank. Die Vanillecreme in einen Spritzbeutel mit einem langen spitzen Aufsatz geben und die Windbeutel von der Seite füllen.

Beim Genießen dieser luftigen Windbeutel verschmilzt das knusprige Karamell im Mund mit einer herrlichen französischen Vanillecreme.

HIMMLISCHER APFELKUCHEN

ZUTATEN
FÜR EINE OFENFESTE FORM CA. 22 x 28 CM ODER 25 x 25 CM

170 g salzige Butter
110 g Dinkelmehl, Type 630
1 gestr. TL Weinsteinbackpulver
400 g Apfelwürfel (ca. 4 große Äpfel)
etwas frischer Zitronensaft zum Beträufeln der Äpfel
2 Eier (Größe M/L)
100 g brauner Rohrohrzucker
Mark von ½ Vanilleschote

ZUM BESTÄUBEN:
Rohrohr-Puderzucker

etwas Butter und Dinkelmehl für die Formen

Den Backofen auf 180 °C (Umluft) vorheizen. Eine ofenfeste Form einfetten und leicht bemehlen.

Die Butter in einem Topf erhitzen und so lange bei niedriger Temperatur köcheln lassen, bis sie eine leicht braune Farbe annimmt und aromatisch duftet. Die so entstandene Nussbutter in eine Schüssel füllen und auf Zimmertemperatur abkühlen lassen.

Das Mehl mit dem Backpulver sieben und in einer Schüssel beiseite stellen.

Die Äpfel schälen, das Kerngehäuse entfernen, das Fruchtfleisch in ca. 2 cm große Würfel schneiden und die Würfel mit etwas Zitronensaft beträufeln, damit sie nicht braun werden. Es sollten 400 g Apfelwürfel werden.

Die Eier, den Rohrohrzucker und das Vanillemark in einer Schüssel schaumig schlagen. 125 g Nussbutter in einem feinen Strahl unter Rühren dazugießen. Dann das Mehl mit dem Schneebesen kurz und schnell unterrühren. Zum Schluss die Apfelwürfel unterheben. Den Teig glatt in die Form streichen und ca. 40 Minuten auf mittlerer Schiene backen.

Den Teig auf ein Kuchengitter stürzen, auskühlen lassen und mit Puderzucker bestäuben. Nach Belieben vorher Herbstblätter auf den Kuchen legen und so beim Bestäuben ein wunderschönes Muster erstellen.

Der Wind bläst die letzten Blätter von den Bäumen. Die schönsten benutze ich gern als Schablone zum Dekorieren. Dieser Apfelkuchen ist schnell gemacht und durch die Verwendung der salzigen Butter bekommt er ein ganz besonderes Aroma.

MOELLEUX AUX MARRONS

ZUTATEN
FÜR 6 KLEINE GUGELHUPFFORMEN (Ø 7 CM)

90 g	Haselnüsse
100 g	Butter
200 g	gekochte, geschälte Maronen
100 g	Ahornsirup
Mark von 1	Vanilleschote
2	Eigelb
2	Eiweiß
1 Prise	Meersalz

ZUM BETRÄUFELN:

30 g	Rohrohr-Puderzucker
2 TL	Zitronensaft
etwas	Butter für die Form

Den Backofen auf 180 °C (Umluft) vorheizen. Die Gugelhupfförmchen mit Butter dünn einfetten.

Die Haselnüsse auf ein Blech verteilen und auf der oberen Schiene so lange rösten, bis die Haut einreißt.

In der Zwischenzeit die Butter in einem Topf erhitzen und so lange bei niedriger Temperatur köcheln lassen, bis sie eine leicht braune Farbe annimmt und aromatisch duftet. Die so entstandene Nussbutter in eine Schüssel füllen und auf Zimmertemperatur abkühlen lassen. Es sollte jetzt ca. 80 g Nussbutter sein, die weiterverwendet wird.

Die gerösteten Haselnüsse in ein Geschirrtuch einschlagen und gegeneinander reiben, so dass sich die Schale ablöst. Die Haselnüsse abkühlen lassen und fein mahlen. Beim Rösten verringert sich das Gewicht der Haselnüsse. Es werden 40 g gemahlene Haselnüsse benötigt.

Die Maronen mit dem Ahornsirup und dem Vanillemark fein pürieren. Unter Rühren erst die Eigelbe und dann die Nussbutter in einem feinen Strahl dazufließen lassen. Zum Schluss die gemahlenen Haselnüsse unterrühren. Die Eiweiße mit dem Salz zu Eischnee steif schlagen und mit einem Spatel nach und nach unter den Teig heben. Den Teig gleichmäßig auf die Förmchen verteilen und im Backofen auf mittlerer Schiene ca. 20 Minuten backen.

Die Maronengugelhupfe aus der Form stürzen und abkühlen lassen. Aus dem Puderzucker und dem Zitronensaft einen Guss rühren und die Gugelhupfe damit beträufeln.

Ein feiner Zitronenguss verleiht dem saftig weichen Kastanien-Gugelhupf das geschmackliche i-Tüpfelchen!

ZITRONENKUCHEN

ZUTATEN
FÜR EINE KASTENFORM
(32 x 11 x 7 CM)

80 g Butter
4 Eigelb
100 g Rohrohrzucker
50 g Honig
1 Prise Meersalz
abgeriebene Schale von 2 unbehandelten Zitronen
100 g Crème fraîche
180 g Dinkelmehl, Type 630
½ Päckchen Weinsteinbackpulver
4 Eiweiß

FÜR DEN SIRUP:

50 ml Zitronensaft
50 ml Wasser
50 g Honig

etwas Butter für die Form
etwas Dinkelmehl für die Arbeitsfläche

Die Kastenform mit etwas Butter einfetten und mit Backpapier auslegen.

Die Butter bei milder Hitze in einem Topf schmelzen und beiseitestellen.

Den Backofen auf 180 °C (Umluft) vorheizen.

Die Eigelbe mit dem Rohrohrzucker, dem Honig und dem Salz zu einer hellen Creme aufschlagen. Die Zitronenschale ebenfalls unterrühren. Die Butter nach und nach unter Rühren dazufügen. Die Crème fraîche unterrühren. Das Mehl mit dem Backpulver vermengen und über die Masse sieben. Nur kurz untermischen.

Zuletzt die Eiweiße sehr steif schlagen und locker unter den Teig heben. Den Teig in die Form füllen, glattstreichen, in den Backofen schieben und ca. 45 Minuten goldbraun backen.

Inzwischen für den Sirup den Zitronensaft, das Wasser und den Honig in einen Topf geben, 1 Minute köcheln lassen und beiseitestellen.

Den Zitronenkuchen nach dem Backen aus der Form lösen. Die Oberfläche des noch warmen Kuchens mit einer Nadel einstechen und mit dem Sirup beträufeln.

Mein geliebter Reisebegleiter auf langen Wandertouren und Ausflügen in die Natur!

Cache des amoureux

GÂTEAU BRETON

ZUTATEN
FÜR EINE OFENFESTE FORM (25 x 25 CM)

FÜR DEN TEIG:

360 g	Dinkelmehl, Type 630
1 Msp.	Weinsteinbackpulver
1 Prise	Meersalz
45 g	Rohrohrzucker
1 Msp.	gemahlener Kardamom
225 g	kalte Butter
50 ml	kalte Sahne

FÜR DIE FÜLLUNG:

200 g	Himbeerkonfitüre

ZUM BESTREICHEN:

1	Eigelb
1 EL	Milch
1 Prise	Meersalz

etwas	Butter für die Form
etwas	Dinkelmehl für die Arbeitsfläche

Die Auflaufform mit Butter einfetten.

Das Mehl, das Backpulver, das Salz, den Rohrohrzucker und den Kardamom in eine Rührschüssel geben. Die Butter in Würfel schneiden, hinzufügen und alles schnell zu feinen Streuseln vermischen. Zuletzt die Sahne hinzufügen und alles zu einem glatten Teig verkneten.

Den Backofen auf 180 °C (Umluft) vorheizen.

Den Mürbeteig halbieren. Auf einer bemehlten Arbeitsfläche eine Hälfte auf die Größe der Form ausrollen und als Boden in die Form legen. Die Konfitüre etwas glatt rühren und gleichmäßig auf dem Teigboden verteilen. Die zweite Hälfte des Teiges genauso ausrollen und als Deckel auf die Konfitüre legen.

Das Eigelb mit der Milch und dem Salz verquirlen und die Oberfläche damit bestreichen. Mit Hilfe einer Gabel ein kariertes Muster in die Oberfläche einprägen. Den Kuchen etwa 40 Minuten im Backofen goldbraun backen. In der Form auskühlen lassen, zum Servieren in quadratische Stücke schneiden.

Dieser Kuchenklassiker stammt aus der Bretagne und schmeckt wie ein sehr feines, wunderbar buttriges Gebäck. Luftdicht in der Dose verschlossen ist er lange haltbar und kann spontan zum Tee serviert werden.

ZITRONENTARTE

mit Salbeiblättchen aus dem Küchengarten

ZUTATEN
FÜR EINE TARTEFORM (Ø 28 CM)

FÜR DEN MÜRBETEIG:

75 g frisch gemahlenes feines Dinkelvollkornmehl (alternativ Type 1050)
75 g Dinkelmehl, Type 630
½ TL Weinsteinbackpulver
90 g Butter
1 TL fein gehackte Rosmarin-Nadeln
1 kleines Ei
20 g Kokosblütenzucker
1 Prise Meersalz

FÜR DIE ZITRONENCREME:

6 Eier
200 g Rohrohrzucker
200 ml Zitronensaft (4 große Zitronen)
200 g kalte Butter
50 g Sahne

ZUM VERZIEREN:

kleine frische Salbeiblätter

etwas Butter und Mehl für die Form
etwas Marzipan zum Fixieren des Mürbeteiges auf der Tortenplatte

Aus Backpapier einen Kreis in der Größe der Form ausschneiden. Den Rand der Tarteform gut einfetten und leicht bemehlen.

Das Mehl und das Backpulver in einer Schüssel mit einem Schneebesen vermengen. Die Butter in Flöckchen hinzufügen. Die restlichen Teigzutaten ebenfalls in die Schüssel geben. Alle Zutaten mit der Hand oder mit der Küchenmaschine rasch zu einem glatten Teig kneten. Den Teig zu einer Kugel formen. Den Backpapierkreis auf eine leicht bemehlte glatte Arbeitsfläche legen. Die Mürbeteigkugel mittig auf das Backpapier legen und 2–3 cm über das Backpapier hinaus gleichmäßig rund ausrollen. Mit Hilfe einer Palette den Teig mit dem Backpapier nach unten in die Tarteform legen, den Rand andrücken. Den Boden mit einer Gabel mehrmals einstechen, die Form mit Klarsichtfolie abdecken und im Gefrierfach oder im Kühlschrank kühl stellen, bis der Teig kalt und fest ist.

Währenddessen den Backofen auf 180 °C (Umluft) vorheizen. Den Boden auf mittlerer Schiene ca. 20 Minuten goldbraun backen, abkühlen lassen, vorsichtig aus der Form heben und auf eine Tortenplatte legen. Evtl. mit einem kleinen Stück Marzipan auf der Tortenplatte fixieren.

Für die Creme die Eier mit dem Rohrohrzucker schaumig schlagen. Den Zitronensaft in einem Topf aufkochen und heiß unter die Eier-Zucker-Masse rühren. Alles in den Topf geben und unter Rühren mit dem Schneebesen aufkochen lassen. Zum Schluss die kalte Butter in Flöckchen nach und nach unterrühren. Die Creme leicht abkühlen lassen. In eine Schüssel füllen und mit Klarsichtfolie bedeckt im Kühlschrank komplett durchkühlen lassen (ca. 1 Stunde).

Vor dem Servieren die Zitronencreme gleichmäßig auf dem Mürbeteigboden verteilen. Die Sahne steif schlagen und mit einem Spritzbeutel in Tupfen dekorativ auf die Creme spritzen. Die Oberfläche mit den Salbeiblättern verzieren.

Welch ein Glück: Den ganzen Winter über lassen sich kleine Salbeiblättchen im Garten ernten.

FREUNDSCHAFT

Kein Weg ist zu weit,
um dort anzukommen, wo deine
Freunde wohnen.

DAS TAGEBUCH mit dem Ledereinband liegt in der Reisetasche. Die Landschaft fliegt am Zugfenster vorbei. Von Paris geht es weiter in die Normandie. Dort ist der Himmel weit und das Meer nah.

ALS SCHÜLERIN fuhr ich zum ersten Mal dorthin, um drei Monate zu bleiben. In dieser Zeit lernte ich Bénédicte kennen, die von allen Béné genannt wird. Seit ihrer Kindheit verbrachte sie die Ferien an dem magischen Ort an der Küste. Sie schien auf ganz besondere Weise mit der Natur verbunden zu sein. Die Felder und Strände durchstreifte sie reitend. Ihr Vater nahm sie mit hinaus auf das Meer, um zu fischen. Abends schürte sie das Feuer im riesigen normannischen Kamin des Steinhauses und grillte den Fang des Tages. Manchmal waren es Doraden, ein anderes Mal Wolfsbarsche. Immer jedoch war ihr Geschmack sensationell. Genuss schafft Erinnerungen und verbindet. Sie führte mich zu ihren Lieblingsplätzen. Den Sonnenaufgang betrachtend, lachend, schwatzend saßen wir auf einer Picknickdecke in der Kühle des Morgens. Die Briefe, die mich nach meinem Abschied erreichten, bündelte ich als kleine Kunstwerke.

EINES TAGES erhielt ich ihre Nachricht, sie würde eine Ausbildung als Pâtissière beginnen. Das erstaunte mich wenig, konnte sie doch so das künstlerische Talent mit ihrem handwerklichen Geschick verbinden. Die hohe Kunst des französischen Pâtissière-Handwerks verlangte ihr in den Lehrjahren vieles ab, aber sie ließ sich nicht beirren. Heute ist sie eine leidenschaftliche Gastgeberin. Gemeinsam mit ihrem Mann Pierre führt sie ein kleines privates Hotel. Und nicht an irgendeinem Ort, sondern genau dort, wo sie als Kind beschlossen hat, jedes Detail in ihr Herz zu schließen. In der Winterzeit, wenn Stürme in regelmäßigen Abständen das Meer durchpflügen, ist es sehr still in dieser Gegend. Nur wenige Engländer kommen von den Inseln Jersey und Guernsey mit der Fähre herüber.

WÄHREND DER SAISON ist kaum Zeit, aber jetzt treffen wir uns. Der Schaffner unterbricht meine Gedanken, spricht von ein paar Minuten Verspätung des Zuges. Béné wird mich am Bahnhof erwarten. Wie ich sie kenne, hat sie schon eine köstliche Tarte in den Ofen geschoben und alles liebevoll dekoriert. Es bedarf keiner großen Worte, um unsere Freundschaft zu beschreiben. Sie ist echt und so nur einmal vorkommend. Und die räumliche Distanz kann ihren Wert nicht mindern. Ein französisches Sprichwort lautet: „Loin de yeux, mais près du coeur." Worte, die verbinden. „Weit aus den Augen, aber nah am Herzen."

PAIN D'ÉPICES

ZUTATEN
FÜR EINE KASTENFORM
(32 x 11 x 7 CM)

320 g	Honig
120 g	weiche Butter (Zimmertemperatur)
130 ml	Milch
1	abgeriebene Schale von unbehandelte Orange
1	Ei
270 g	Dinkelmehl, Type 630
½ TL	Meersalz
9 g	Weinsteinbackpulver
1 geh. TL	gemahlener Ceylon-Zimt
½ TL	gemahlener Anis
½ TL	gemahlener Kardamom
1 TL	gemahlener Ingwer
1 Prise	frisch geriebener Muskat
50 g	kandierter Ingwer

Die Kastenform mit Backpapier auskleiden. Den Backofen auf 165 °C (Umluft) vorheizen.

In einem kleinen Topf den Honig, die Butter und die Milch bei milder Hitze unter Rühren erwärmen. Die Mischung in eine Rührschüssel geben. Die Orangenschale hinzufügen. Das Ei verquirlen und unterrühren. Das Mehl mit dem Salz, dem Backpulver und den Gewürzen gut vermischen und kurz unterrühren. Den Teig in die Form einfüllen. Den kandierten Ingwer in kleine Würfel schneiden und auf die Teigoberfläche streuen.

Den Honigkuchen ca. 40 Minuten goldbraun backen. Mit einem Holzstäbchen die Garprobe machen. Den Kuchen auf einem Kuchengitter auskühlen lassen. An einem kühlen Ort gut verpackt ein paar Tage durchziehen lassen, damit sich die Gewürzaromen entfalten können.

Bevor ich dieses wunderbare französische Honigbrot anschneide, lasse ich es ein paar Tage durchziehen, damit sich die Aromen der Zutaten voll entfalten können.

GRAPEFRUIT-TARTELETTES

mit Rosmarin

ZUTATEN
FÜR 6 TÖRTCHEN
(Ø 10 CM)

FÜR DEN MÜRBETEIG:

- 75 g frisch gemahlenes feines Dinkelvollkornmehl (alternativ Type 1050)
- 75 g Dinkelmehl, Type 630
- ½ TL Weinsteinbackpulver
- 90 g Butter
- 1 TL fein gehackte frische Rosmarin-Nadeln
- 1 kleines Ei
- 20 g Kokosblütenzucker
- 1 Prise Meersalz

FÜR DIE VANILLECREME:

- 325 g Milch
- 50 g Rohrohrzucker
- Mark von 1 Vanilleschote
- 4 Eigelb
- 40 g Dinkelmehl, Type 630
- 100 g Sahne

FÜR DEN BELAG:

- 2 Grapefruits
- 1 TL fein gehackte frische Rosmarin-Nadeln

- etwas Butter und Dinkelmehl für die Förmchen
- etwas Dinkelmehl für die Arbeitsfläche

Die Förmchen mit Butter einfetten und leicht bemehlen.

Das Mehl und das Backpulver mit dem Schneebesen in einer Schüssel vermengen. Die Butter in Flöckchen hinzufügen. Die restlichen Zutaten ebenfalls in die Schüssel geben. Alle Zutaten mit der Hand oder mit der Küchenmaschine rasch zu einem glatten Teig kneten. Den Teig zu einer Kugel formen und auf einer bemehlten Arbeitsfläche 2–3 mm dick ausrollen. Mit den Förmchen Teigkreise ausstechen, in die Förmchen legen, andrücken und den Boden mit einer Gabel mehrmals einstechen. Zum Ausstechen der letzten Törtchen die Teigreste nochmals zu einer Kugel kneten und 2–3 mm dick ausrollen. Die Förmchen mit dem Mürbeteig mit Klarsichtfolie abdecken, im Gefrierfach oder im Kühlschrank kühlstellen, bis der Teig kalt und fest ist.

In der Zwischenzeit den Backofen auf 180 °C (Umluft) vorheizen. Den Mürbeteig auf mittlerer Schiene ca. 30 Minuten goldbraun backen, abkühlen lassen und vorsichtig aus der Form stürzen.

Für die Vanillecreme die Milch mit 25 g Rohrohrzucker und dem Vanillemark aufkochen. In einer Schüssel den restlichen Zucker, die Eigelbe und das Mehl mit einem Schneebesen zu einer gleichmäßigen Masse verrühren. Die kochende Milch unter Rühren nach und nach unter die Eiermasse geben. Alles zurück in den Topf füllen und unter ständigem Rühren 2 Minuten köcheln lassen. Die Vanillecreme in eine Schale füllen und abkühlen lassen. Klarsichtfolie direkt auf die Creme legen, dann bildet sich keine Haut.

Die Sahne steif schlagen und mit den Quirlen des Handrührgerätes unter die abgekühlte Creme rühren. Die Vanillecreme hält sich in einem Glas verschlossen einige Tage im Kühlschrank.

Die Grapefruits schälen und mit einem scharfen Messer 2 mm breite Filets herausschneiden. Die Törtchen mit der Vanillecreme füllen und blütenförmig mit den Zitrusfilets belegen. Mit fein gehacktem Rosmarin bestreuen.

Dieser Klassiker der französischen Pâtisserie ist eines meiner liebsten Desserts.

SABLÉS

ZUTATEN
FÜR CA. 35 STÜCK

150 g	weiche salzige Butter (Zimmertemperatur)
½ TL	Fleur de Sel
4	Eigelb
100 g	Rohrohrzucker
200 g	Dinkelmehl, Type 630
2 gestr. TL	Weinsteinbackpulver

ZUM BESTREICHEN:

1	Eigelb
1 TL	Milch

Die Butter mit dem Fleur de Sel cremig schlagen. Die Eigelbe mit dem Rohrohrzucker zuerst in einer separaten Schüssel zu einer hellen Creme aufschlagen und dann unter die Butter rühren. Das Dinkelmehl und das Backpulver in den Teig sieben und kurz und schnell verrühren. Den Teig als Rechteck auf eine Klarsichtfolie streichen, mit Folie zudecken und 1 Stunde kühl stellen.

Den gekühlten Teig 4 mm dick ausrollen. Mit einem Ausstecher 5 cm große Kreise ausstechen und auf ein mit Backpapier belegtes Blech setzen. Die Kekse 15 Minuten kühlen.

In der Zwischenzeit den Backofen auf 180 °C (Umluft) vorheizen. In einer kleinen Tasse das Eigelb mit der Milch verrühren und mit einem Pinsel auf die Kekse streichen. Mit den Spitzen einer Gabel ein Muster in die Kekse hineinritzen. Die Kekse auf mittlerer Schiene im Backofen ca. 15 Minuten goldbraun backen. Auf einem Kuchengitter abkühlen lassen. In einer luftdicht verschlossenen Dose aufbewahren.

Die Verwendung salziger Butter
ist das besondere Geheimnis dieser
bretonischen Kekse.

DUNKLER SCHOKOLADENKUCHEN

ZUTATEN
FÜR EINE SPRINGFORM (Ø 26 CM)

FÜR DEN TEIG:

- 200 g weiche salzige Butter (Zimmertemperatur)
- 100 g Rohrohrzucker
- Mark von 1 Vanilleschote
- ¼ TL gemahlener Ceylon-Zimt
- 1 Prise gemahlener Kardamom
- 200 g Zartbitterschokolade (70 %)
- 4 Eigelb
- 50 g frisch gemahlenes feines Dinkelvollkornmehl (alternativ Type 1050)
- 4 Eiweiß

FÜR DEN BELAG:

- 50 g Haselnüsse
- 50 g Zartbitterschokolade (70 %)
- 1 EL Ahornsirup

ZUM BESTÄUBEN:

- etwas gemahlener Ceylon-Zimt

- etwas Butter und Dinkelmehl für die Form

Den Backofen auf 180 °C (Umluft) vorheizen. Die Springform mit Butter einfetten und mit etwas Dinkelvollkornmehl bestäuben.

Die Butter mit dem Rohrohrzucker, dem Vanillemark, dem Zimt und dem Kardamom in der Küchenmaschine oder mit dem Mixer zu einer hellen Creme aufschlagen.

In der Zwischenzeit die Schokolade in einer Schüssel über dem Wasserbad schmelzen lassen.

Die Eigelbe nach und nach unter die Buttercreme rühren. Dann unter Rühren die flüssige Schokolade hineinfließen lassen. Das Dinkelvollkornmehl kurz und schnell unterrühren. Die Eiweiße steif schlagen und den Eischnee nach und nach vorsichtig mit einem Spatel unter den Teig heben. Den Teig in der Backform verteilen, glattstreichen und auf mittlerer Schiene ca. 15 Minuten backen.

Die Haselnüsse auf ein Blech verteilen und auf der oberen Schiene so lange im heißen Ofen rösten, bis die Haut einreißt. Die gerösteten Haselnüsse in ein Geschirrtuch einschlagen und gegeneinander reiben, so dass sich die Schale ablöst. Die geschälten Haselnüsse grob hacken. Die Schokolade zerbröckeln und in einer kleinen Schüssel über dem Wasserbad zum Schmelzen bringen. Den Schokoladenkuchen mit der flüssigen Schokolade rundherum bestreichen. Den Ahornsirup in einer kleinen Pfanne erhitzen, dann die gehackten Haselnüsse untermengen und noch heiß am Rand der Oberfläche des Schokoladenkuchens verteilen. Die Kuchenmitte mit Zimt bestäuben.

Für die schönsten Anlässe gönne ich meinem Schokoladenkuchen den großen Auftritt und backe das doppelte Rezept für eine beeindruckende Torte.

Zum Auftakt des Winters beginne ich das Haus stimmungsvoll mit Lichtern und Kränzen aus Naturmaterialien zu dekorieren. Noch ist nicht Weihnachten, aber eine Kerze auf dem Tisch anzuzünden, bringt sehr viel Wärme und Liebe ins Haus. Blaues Wachholder-Grün hat einen wundervollen, leicht harzigen Duft und behält seine Farbe den ganzen Winter über. Für den Kranz schneide ich von den Spitzen eines Wachholderstrauches ca. 8 cm lange Zweige ab und binde sie in kleinen Bündeln mit Floristendraht jeweils um einen Strohkranz. Zweige, die mit Flechten bewachsen sind, sehen schön dazu aus.

GOUGÈRES

ZUTATEN
FÜR CA. 55 STÜCK

125 g	Gruyère
250 ml	Wasser
¼ TL	Meersalz
1 Prise	frisch geriebener Muskat
80 g	Butter
¼ TL	Weinsteinbackpulver
180 g	Dinkelmehl, Type 630
4	Eier

Den Backofen auf 180 °C (Umluft) vorheizen.

Den Käse fein reiben. Für den Brandteig das Wasser, das Salz, die Muskatnuss und die Butter in einem Topf aufkochen lassen. Das Backpulver mit dem Mehl vermischen und auf einmal dazugeben. Mit einem Kochlöffel so lange rühren, bis ein großer Kloß entsteht, der sich leicht vom Boden löst. Auf dem Topfboden entsteht die typische weiße, dünne Schicht.

Den Teig in eine kalte Schüssel füllen. Die Eier verquirlen und unter kräftigem Rühren in kleinen Portionen unter die Teigmasse rühren. Zum Schluss 100 g geriebenen Käse unter den glänzenden Teig mischen. Den restlichen Käse zum Bestreuen beiseitestellen.

Ein Backblech mit Backpapier auslegen. Mit Hilfe von zwei Teelöffeln kleine Häufchen auf das Backblech setzen. Die Oberfläche mit dem restlichen Käse bestreuen und die Gougères 20–25 Minuten goldbraun backen. Die Backofentür während des Backens nicht öffnen, sonst fallen sie zusammen. Nach dem Backen die Käsewindbeutel auf einem Kuchengitter etwas auskühlen lassen.

Kurz bevor die Gäste am Abend eintreffen, schiebe ich die fluffigen Käsewindbeutel noch einmal für ein paar Minuten in den Ofen und serviere sie warm zum Aperitif.

BRIOCHE

mit warmem Camembert

ZUTATEN
FÜR CA. 28 STÜCK

- 450 g Dinkelmehl, Type 630
- 5 g Meersalz
- 15 g Rohrohrzucker
- 10 g frische Hefe
- 70 ml lauwarme Milch
- 4 Eier
- 100 g weiche Butter (Zimmertemperatur)
- 1 Camembert (250 g, 45 % Fett) in einer kleinen runden Holzschachtel

ZUM BESTREICHEN:

- 1 Eigelb
- 1 EL Milch

- etwas Dinkelmehl für die Arbeitsfläche

TIPP

Für Frühstückseinladungen backe ich die Teigkugeln in kleinen, geriffelten Brioche-Förmchen.

Das Mehl, das Salz und den Rohrohrzucker in eine Rührschüssel geben und gut vermischen. In der Mitte eine kleine Mulde bilden. Die Hefe in der Milch auflösen und in die Mulde gießen. Die Schüssel mit einem Tuch abdecken und den Vorteig 15 Minuten gehen lassen.

Danach die Eier und die Butter hinzufügen und alles mit der Hand oder dem Knethaken in der Küchenmaschine zu einem geschmeidigen Teig verkneten. Den Briocheteig mindestens 2 Stunden gehen lassen. Nach 1 Stunde den Teig „falten". D.h. den Teig mit feuchten Händen von hinten hochziehen und nach vorn klappen. Die Schüssel dreimal um 90 Grad drehen und den Vorgang jeweils wiederholen. Durch das „Falten" bekommt das Gebäck eine schöne Struktur.

Zum Formen den Teig in 2 Stücke aufteilen. Für den äußeren Teigkranz sollte der Teig etwa 530 g wiegen, für den inneren etwa 300 g. Auf einer leicht bemehlten Arbeitsfläche für den äußeren Ring 15 runde Brötchen formen, für den inneren Ring 13 kleinere Brötchen.

Ein Backblech mit Backpapier auslegen. In die Mitte des Blechs die leere Camembertschachtel platzieren. Zuerst die kleineren Brötchen, danach die größeren jeweils kreisförmig um die Schachtel anordnen. Mit einem Tuch bedecken und den Briochekranz nochmals 1 Stunde an einem warmen Ort aufgehen lassen.

In der Zwischenzeit den Backofen auf 180 °C (Umluft) vorheizen. Das Eigelb mit der Milch verquirlen und die Brioche damit bestreichen. Den Briochekranz ca. 25 Minuten goldbraun backen. Nach dem Backen auf einem Kuchengitter auskühlen lassen.

Die Camembertschachtel aus dem Kranz nehmen. Vor dem Servieren den Backofen auf 180 °C (Umluft) vorheizen. Den Camembert wieder in die Schachtel setzen und 20 Minuten im Backofen erhitzen. Danach wieder in den Briochekranz setzen.

Die Oberflächenrinde des Camemberts entfernen, so dass sich jeder von dem cremigen Käse zur Brioche etwas nehmen kann.

Warm auf Brioche gestrichen ist Camembert ein ganz besonderer Genuss!

PIKANTER CAKE

mit Pflaumen und Haselnüssen

ZUTATEN
FÜR EINE KASTENFORM
(32 x 11 x 7 CM)

90 g	Haselnüsse
150 g	Backpflaumen
150 g	Roquefort
130 g	Dinkelmehl, Type 630
120 g	Gruyère
10 g	Weinsteinbackpulver
5	Eier
1 Prise	Meersalz
1 Prise	Pfeffer aus der Mühle
200 ml	heiße Milch
150 ml	neutrales Rapsöl
etwas	Butter und Dinkelmehl für die Form

ZUM SERVIEREN:

nach Belieben	etwas Chutney

Den Backofen auf 180 °C (Umluft) vorheizen. Eine Kastenform einfetten und leicht bemehlen. Die Haselnüsse auf ein Blech verteilen und auf der oberen Schiene so lange im Ofen rösten, bis die Haut einreißt. Die gerösteten Haselnüsse in ein Geschirrtuch einschlagen und gegeneinander reiben, so dass sich die Schale ablöst.

Die Haselnüsse, die Backpflaumen und den Roquefortkäse getrennt hacken. Die Roquefort-Würfel mit 1 EL Mehl vermischen. Den Gruyère-Käse reiben. Das restliche Mehl mit dem Backpulver sieben. Die Eier in einer großen Rührschüssel mit dem Salz und ein paar Umdrehungen Pfeffer aus der Mühle verquirlen. Das Mehl hinzufügen und den Teig zu einer homogenen Masse verrühren. Unter Rühren abwechselnd die Milch und das Öl in kleinen Portionen zum Teig geben.

Erst die Haselnüsse, danach die Pflaumen, den geriebenen Gruyère und zum Schluss den Roquefort unter den Teig heben. Den Teig in die Form füllen und ca. 40 Minuten goldbraun backen.

Den pikanten Kuchen noch leicht warm oder vorher im Ofen nochmals leicht erwärmt und in Scheiben aufgeschnitten zum Aperitif servieren. Nach Belieben Chutney dazu reichen.

Lauwarm serviert auf einem winterlichen Blattsalat ist dieser Cake ein wunderbares Mittag- oder Abendessen.

KLEINE DREI-KÄSE-TARTES

ZUTATEN
FÜR 12 KLEINE BACKFORMEN (SCHIFFCHEN 7 CM LANG ODER TARTES Ø 5 CM)

FÜR DEN TEIG:

250 g	Dinkelmehl, Type 630
5 g	Meersalz
125 g	kalte Butter
1	Eigelb
2 EL	Eiswasser

FÜR DEN BELAG:

50 g	Ziegenkäse
50 g	milder Roquefort
50 g	Gruyère
1	Ei
100 ml	Sahne
1 Prise	Meersalz
etwas	frisch geriebener Muskat

ZUM DEKORIEREN:

einige	frische Thymianzweige
etwas	Butter für die Formen
etwas	Dinkelmehl für die Arbeitsfläche

Die Formen mit Butter einfetten.

Das Mehl und das Salz in eine Rührschüssel geben. Die Butter in Würfel schneiden und mit dem Mehl vermengen, bis Streusel entstehen. Danach das Eigelb und das Wasser dazugeben und alles rasch zu einem glatten Teig kneten. Den Teig auf einer leicht bemehlten Arbeitsfläche 3 mm dick ausrollen. Die Förmchen auf den Teig legen, die Größe markieren und ausschneiden. Die Förmchen mit dem Teig auslegen und den Boden mit einer Gabel einstechen. Die Förmchen mit Klarsichtfolie abdecken und 30 Minuten kühl stellen.

In der Zwischenzeit den Backofen auf 180 °C (Umluft) vorheizen. Die Tartes auf ein Blech stellen und 10 Minuten vorbacken.

Den Ziegenkäse und den Roquefort in kleine Würfel schneiden, den Gruyère fein reiben. Das Ei mit der Sahne verquirlen, mit dem Salz und der Muskatnuss würzen. Die Tartes mit den Käsewürfeln belegen, mit der Ei-Sahne übergießen und zum Schluss mit dem Gruyère bestreuen. Noch etwa 15 Minuten goldbraun backen. Nach Belieben mit ein paar Thymianzweigen dekoriert servieren.

Diese Tartes sind so fein,
da möchte man sich am liebsten immer
wieder eines davon nehmen!

TARTE

mit karamellisierten Zwiebeln

ZUTATEN
FÜR EINE TARTEFORM (12 x 36 CM)

250 g Dinkelmehl, Type 630
5 g Meersalz
125 g kalte Butter
1 Eigelb

FÜR DEN BELAG:

6 mittelgroße Zwiebeln
1 kl. Stück frischer Ingwer
2 EL Olivenöl
2 EL Rohrohrzucker
etwas Meersalz
etwas Pfeffer aus der Mühle
5 EL Rotwein

FÜR DEN GUSS:

100 ml Milch
100 g Crème fraîche
1 Ei
1 Eigelb
1 Prise frisch geriebener Muskat
1 Prise Pfeffer aus der Mühle

ZUM BETRÄUFELN:

150 ml dunkler Aceto balsamico
1 EL Honig
2 Gewürznelken
1 kleiner frischer Zweig Rosmarin

ZUM DEKORIEREN:

150 g Ziegenfrischkäse
etwas frischen Thymian

etwas Butter für die Form
etwas Dinkelmehl für die Arbeitsfläche

Die Form mit Butter einfetten.

Das Mehl und das Salz in eine Schüssel geben. Die Butter in Würfel schneiden und mit dem Mehl vermengen, bis Streusel entstehen. Danach das Eigelb und 1 EL sehr kaltes Wasser dazugeben und alles rasch zu einem glatten Teig verkneten.

Den Teig auf einer leicht bemehlten Arbeitsfläche in der Größe der Form 3 mm dick ausrollen und die Tarteform damit auskleiden. Die Oberfläche des Teigs mit einer Gabel ein paar Mal einstechen. Die Form mit Klarsichtfolie abdecken und 30 Minuten kühl stellen.

In der Zwischenzeit den Belag vorbereiten. Die Zwiebeln schälen und in feine Ringe schneiden. Den Ingwer schälen und in sehr kleine Würfel schneiden. Das Olivenöl in einer Pfanne erhitzen, die Zwiebeln und den Ingwer bei milder Hitze etwa 10 Minuten dünsten. Danach den Rohrohrzucker über die Zwiebeln streuen, die Temperatur etwas erhöhen und die Zwiebeln karamellisieren lassen. Mit etwas Salz und Pfeffer würzen. Danach die Zwiebeln mit dem Rotwein ablöschen und so lange köcheln lassen, bis der Rotwein fast vollständig reduziert ist. Die Zwiebeln beiseitestellen.

Den Backofen auf 180 °C (Umluft) vorheizen.

Für den Guss alle Zutaten miteinander verquirlen.

Die Tarte im Backofen 15 Minuten vorbacken. Danach die Zwiebeln auf dem Boden verteilen, den Guss gleichmäßig darübergießen und die Tarte 30 Minuten backen.

In einem kleinen Topf den Aceto balsamico, den Honig, die Gewürznelken und den Rosmarin 2–3 Minuten köcheln lassen und beiseitestellen.

Die noch warme Tarte mit Ziegenkäsewürfelchen und Thymian dekorieren und mit dem Balsamico beträufeln.

Beim Verspeisen dieser Tarte hören wir gern die schönsten französischen Chansons – ein doppelter Genuss!

DEZEMBER

BERGE

Tirol

VERZAUBERTE WALDPILZE

ZUTATEN
FÜR CA. 35 STÜCK

50 g	Walnüsse
115 g	kalte Butter
30 g	Rohrohr-Puderzucker
Mark von ½	Vanilleschote
140 g	Dinkelmehl, Type 630
1 Prise	Meersalz
25 g	Honig-Marzipan
20 g	Rohrohr-Puderzucker
1 Prise	gemahlener Ceylon-Zimt
	ZUM BESTÄUBEN:
etwas	Rohrohr-Puderzucker
etwas	gemahlener Ceylon-Zimt

Die Walnüsse in einer Pfanne leicht anrösten, bis sie beginnen aromatisch zu duften, danach abkühlen lassen und fein hacken. Die Butter würfeln. Alle übrigen Teigzutaten zur Butter hinzufügen und feinkrümelig vermischen. Die Krümel rasch zu einem glatten Teig zusammenfügen. Den Teig halbieren und zu zwei Rollen (Ø 2 cm) formen. Die erste Rolle in 1 cm breite Scheiben schneiden und diese zu kirschgroßen Kugeln formen. Die andere Rolle ebenfalls in 1 cm dicke Scheiben schneiden und diese mit den Fingerspitzen zu Kegeln formen. Die Kugeln und Kegel jeweils auf ein Blech mit Backpapier legen und 30 Minuten kühl stellen. Den Backofen auf 150 °C (Umluft) vorheizen. Das Gebäck jeweils 20–25 Minuten goldbraun backen und anschließend abkühlen lassen.

Die Halbkugeln von der Unterseite mit einer scharfen Gemüsemesserspitze in einer Drehbewegung vorsichtig 0,5–1 cm tief und breit aushöhlen.

Das Marzipan zu einer Rolle (Ø 1 cm) formen und danach in 0,5 cm dicke Scheiben schneiden. Die Marzipanscheiben auf die Kegelspitze kleben und den Champignon-Hut daraufsetzen.

Den Puderzucker mit dem Zimt vermischen und mit ein paar Tropfen Wasser (ca. 1 kleiner TL) zu einem dickflüssigen Guss anrühren. Mit einem Holzstäbchen die Pilzköpfe mit Punkten verzieren.

Wer mag, kann die Pilze auch mit etwas Zimt und Puderzucker bestäuben. Die Kekse in einer luftdichtverschlossenen Dose aufbewahren.

Das Verzieren dieser liebevollen Waldchampignons ist auch für Kinder eine große Freude.

SPITZBUBEN

ZUTATEN

FÜR ETWA 20 STÜCK

225 g	Dinkelmehl, Type 630
50 g	Rohrohrzucker
50 g	geschälte, gemahlene Mandeln
1 Prise	Meersalz
130 g	kalte Butter
1 kleines	Ei (Größe S), alternativ 1 Ei Größe L verquirlen und teilen

FÜR DIE FÜLLUNG:

200 g	Himbeerkonfitüre

ZUM BESTÄUBEN:

etwas	Rohrohr-Puderzucker
etwas	Dinkelmehl für die Arbeitsfläche

Das Dinkelmehl, den Rohrohrzucker, die Mandeln und das Salz in eine Rührschüssel geben. Die Butter in Würfel schneiden, hinzufügen und alles rasch vermengen, bis Streusel entstehen. Das Ei verquirlen, zu den Streuseln geben und alles zu einem geschmeidigen Teig verkneten. Den Teig in Klarsichtfolie wickeln und 30 Minuten kühl stellen.

Ein Backblech mit Backpapier auslegen. Den Backofen auf 160 °C (Umluft) vorheizen.

Auf einer leicht bemehlten Arbeitsfläche den Teig halbieren. Die erste Hälfte 2–3 mm dick ausrollen. Zwischendurch mit einer Palette unter die Teigplatte streichen, um zu verhindern, dass sie an der Arbeitsfläche haftet. Mit einer am Rand gewellten rechteckigen Ausstechform (4 x 5,5 cm) Plätzchen ausstechen, auf das Backblech legen, mit Klarsichtfolie abdecken und 15 Minuten kühl stellen.

Mit der zweiten Teighälfte genauso verfahren. Aus den Rechtecken zusätzlich kleine Tannenbäume ausstechen.

Die Plätzchen 13–15 Minuten backen, bis sie leicht gebräunt sind. Auf einem Kuchengitter auskühlen lassen.

Die Konfitüre in einem kleinen Topf erwärmen. Die unteren Plätzchen mit der Konfitüre bestreichen. Die Rechtecke mit der Tannenbaumöffnung mit etwas Puderzucker bestäuben und auf die unteren Plätzchen setzen.

Ganz frisch gebacken schmecken diese himmlischen Doppeldecker besonders köstlich.

MOHNGUGELHUPF

ZUTATEN
FÜR EINE GUGELHUPF-FORM (Ø 22 CM)

- 4 Eigelb
- 1 Prise Meersalz
- 150 g Rohrohrzucker
- 160 ml neutrales Rapsöl
- 150 g frisch gemahlenes feines Dinkelvollkornmehl (alternativ Type 1050)
- 3 TL Weinsteinbackpulver
- 100 g frisch gemahlener Mohn
- 50 g gemahlene Haselnüsse
- 300 g Joghurt (3,8 % Fett)
- 4 Eiweiß

ZUM BESTÄUBEN:

- etwas Rohrohr-Puderzucker
- 1 Msp. gemahlener Ceylon-Zimt

- etwas Butter und 1 EL gemahlene Haselnüsse für die Form

Die Gugelhupfform mit Butter einfetten und mit gemahlenen Haselnüssen ausstreuen.

Die Eigelbe mit dem Salz und dem Rohrohrzucker zu einer hellen Creme aufschlagen. Der Zucker sollte gut aufgelöst sein.

Den Backofen auf 160 °C (Umluft) vorheizen.

Das Öl in einem langsamen Strahl unter Rühren zu der Creme gießen. Das Mehl mit dem Backpulver, dem Mohn und den Nüssen vermischen. Diese Mischung mit einem Kuchenspatel kurz unter die Eicreme rühren. Den Joghurt ebenfalls kurz unterrühren. Das Eiweiß sehr steif schlagen und zum Schluss locker unter den Teig heben.

Den Teig in die Form füllen und den Mohnkuchen 50–55 Minuten backen. Mit einem Stäbchen prüfen, ob der Kuchen fertig gebacken ist.

Den Kuchen zum Abkühlen auf ein Kuchengitter stürzen und mit einer Mischung aus Puderzucker und Zimt bestreuen.

Dieser Mohnkuchen bleibt mehrere Tage wunderbar saftig. Er ist perfekt zum Mitnehmen auf die Berghütte.

TIROLER NUSSMUFFINS

ZUTATEN

FÜR CA. 8 MUFFINS (Ø 7 CM)

100 g	weiche Butter (Zimmertemperatur)
50 g	Rohrohrzucker
100 g	Mandeln
50 g	Zartbitterschokolade
40 g	Dinkelmehl, Type 630
1 gestr. TL	Weinsteinbackpulver
½ TL	gemahlener Ceylon-Zimt
3	Eigelb
½	abgeriebene Schale von unbehandelten Zitrone
3	Eiweiß
1 Prise	Meersalz

ZUM BESTÄUBEN:

etwas	Rohrohr-Puderzucker
etwas	Butter und Mehl zum Einfetten der Muffinförmchen

Den Backofen auf 175 °C (Umluft) vorheizen. Die Muffinförmchen mit etwas Butter einfetten und leicht bemehlen.

Die Butter und den Rohrohrzucker mit der Küchenmaschine zu einer hellen Creme aufschlagen. Währenddessen die Mandeln auf ein Blech legen und im Backofen rösten, bis sie beginnen aromatisch zu duften. Die Mandeln abkühlen lassen und anschließend im Multimixer fein mahlen. Die Schokolade fein hacken und beiseitestellen. Das Mehl mit dem Backpulver und dem Zimt in eine Schüssel sieben.

Nach und nach die Eigelbe unter die Buttercreme rühren und luftig aufschlagen. Die Zitronenschale unterrühren. Die Eiweiße mit dem Salz in einer separaten Schüssel steif schlagen. Jeweils ein Drittel der gehackten Schokolade, der gemahlenen Mandeln, des Mehls und des Eischnees in die Teigschüssel geben und vorsichtig mit einem Spatel unter die Masse heben. Mit den anderen beiden Dritteln genauso verfahren. Auf diese Weise wird der Rührteig besonders luftig!

Den Teig auf ¾ Höhe in die Förmchen füllen und im Backofen auf der mittleren Schiene 30 Minuten goldbraun backen. Mit einem Stäbchen die Garprobe machen. Die Muffins aus der Form nehmen, auf einem Kuchengitter abkühlen lassen und mit dem Puderzucker bestäuben.

Zum Verschenken wickle ich die kleinen Törtchen in weißes Seidenpapier, verschnüre sie mit einem schönen Band und lege einen kleinen Tannenzweig dazu.

NUSSBEUGERL

ZUTATEN
FÜR CA. 15 STÜCK

FÜR DEN TEIG:

10 g	frische Hefe
15 g	Rohrohrzucker
100 ml	lauwarme Mandelmilch
250 g	Dinkelmehl, Type 630
100 g	weiche Butter (Zimmertemperatur)
2	Eigelb
1 Prise	Meersalz

FÜR DIE FÜLLUNG:

125 g	Mandeln
125 g	Walnüsse
6	Medjooldatteln, ohne Kern
125 ml	Mandelmilch
Mark von ½	Vanilleschote
2 TL	Rum
1 Prise	gemahlener Ceylon-Zimt
1 Prise	Meersalz

ZUM BESTREICHEN:

1	Eigelb
1 EL	Mandelmilch
etwas	Dinkelmehl für die Arbeitsfläche

Die Hefe mit dem Rohrohrzucker in einer Schüssel in der Mandelmilch auflösen. 100 g Dinkelmehl unterrühren. Die Schüssel mit einem Tuch abdecken und den Vorteig ca. 30 Minuten gehen lassen.

Für die Füllung die Mandeln und die Walnüsse im Backofen oder in der Pfanne gleichmäßig rösten, bis sie beginnen aromatisch zu duften. Die Nüsse abkühlen lassen und dann im Multimixer fein mahlen. Die Datteln fein hacken und mit der Mandelmilch, dem Vanillemark, dem Rum, dem Zimt und dem Salz in einer hohen Schüssel fein pürieren. Die gemahlenen Nüsse dazugeben und alles mit einem Löffel verrühren.

Für den Teig die Butter in Würfeln zum Vorteig geben und mit dem restlichen Mehl, den Eigelben und dem Salz zu einem glatten Teig kneten. Den Hefeteig halbieren und jede Hälfte auf einer bemehlten Arbeitsfläche zu einer Rolle (Ø 6 cm) formen. Die Rollen jeweils in 2 cm dicke Scheiben schneiden. Jede Teigscheibe zu einer ovalen, handflächengroßen Teigplatte von ca. 8 x 12 cm ausrollen. Jeweils etwa 2 TL von der Füllung auf den Rand einer Längsseite setzten. Die Teigfläche von dieser Seite her aufrollen und zu Kipferln formen. Diese mit der Nahtstelle nach unten auf ein mit Backpapier ausgelegtes Backblech setzen.

Das Eigelb mit der Mandelmilch verrühren und die Hörnchen damit einstreichen. Die Hörnchen 30 Minuten antrocknen lassen. In der Zwischenzeit den Backofen auf 175 °C (Umluft) vorheizen. Die Beugerl ca. 15 Minuten auf der mittleren Schiene goldgelb backen.

Wenn mich die Sehnsucht nach den Bergen ergreift, backe ich diese wunderbaren gefüllten Hörnchen.

MOHNSTRIEZEL

ZUTATEN
FÜR EINE KASTENFORM
(32 x 11 x 7 CM)

FÜR DEN TEIG:

- 500 g Dinkelmehl, Type 630
- 15 g Hefe
- 280 g lauwarme Milch
- 140 g weiche Butter (Zimmertemperatur)
- 5 g Meersalz
- 60 g Rohrohrzucker
- 2 Eigelb
- ½ abgeriebene Schale von unbehandelten Zitrone

FÜR DIE FÜLLUNG:

- 100 ml Milch
- 1 Prise Meersalz
- 60 g frisch gemahlener Mohn
- 20 g Rohrohrzucker
- 1 Msp. gemahlener Ceylon-Zimt
- 10 g Honig
- 15 g Butter
- 15 g Dinkelgrieß
- 1 TL Rum

ZUM BESTREICHEN:

- 1 Eigelb
- 1 EL Milch

- etwas Butter für die Form
- etwas Mehl für die Arbeitsfläche

Das Mehl in eine Rührschüssel geben. Die Hefe in der Milch auflösen. Im Mehl eine kleine Mulde formen und die Hefemilch hineingießen. Die Schüssel mit einem Tuch abdecken und den Vorteig 20 Minuten gehen lassen.

Die Butter in Würfel schneiden und in die Schüssel füllen. Das Salz, den Rohrohrzucker, die Eigelbe und die Zitronenschale hinzufügen und alles mit der Hand oder mit dem Knethaken in der Küchenmaschine zu einem sehr glatten Teig verkneten. Das lange Kneten ist die Voraussetzung für einen perfekten, lockeren Striezel. Den Teig mit einem Tuch abdecken und an einem warmen Ort gehen lassen. Nach 1 Stunde den Teig „falten". D.h. den Teig mit feuchten Händen von hinten hochziehen und nach vorn klappen. Die Schüssel dreimal um 90 Grad drehen und den Vorgang jeweils wiederholen. Durch das „Falten" bekommt das Gebäck eine schöne Struktur. Nochmals 1 Stunde gehen lassen.

Für die Füllung die Milch mit dem Salz erhitzen. Die restlichen Zutaten bis auf den Rum hinzugeben und unter Rühren kurz aufkochen. Die Mohnmasse in eine Schüssel geben, etwas abkühlen lassen und zuletzt den Rum unterrühren.

Eine Kastenform mit Butter einfetten. Auf einer leicht bemehlten Arbeitsfläche den Hefeteig zu einem Rechteck (30 x 45 cm) ausrollen. Die Mohnmasse dünn darauf verstreichen, dabei den Spatel zwischendurch mit Wasser befeuchten. Den Teig von der Längsseite aufrollen. Die Rolle in der Mitte der Länge nach durchschneiden und beide Hälften mit der Schnittfläche nach oben miteinander verschlingen.

Den Striezel in die Form legen und zugedeckt noch 30 Minuten gehen lassen.

In der Zwischenzeit den Backofen auf 180 °C (Umluft) vorheizen. Das Eigelb mit der Milch verquirlen und die Striezel-Oberfläche damit bestreichen. Die Form in den Backofen schieben. Den Mohnstriezel ca. 40 Minuten goldbraun backen. Auf einem Kuchengitter auskühlen lassen.

Für den schönsten Sonntagmorgen!

GUGELHUPF

ZUTATEN

FÜR EINE GUGELHUPF-FORM (Ø 22 CM)

FÜR DEN TEIG:

400 g	Dinkelmehl, Type 630
20 g	frische Hefe
260 g	lauwarme Milch
180 g	weiche Butter (Zimmertemperatur)
50 g	Rohrohrzucker
2	Eigelb
10 g	Meersalz

NACH BELIEBEN NOCH:

50 g	Rosinen
50 ml	Wasser
1 EL	Rum

ZUM DEKORIEREN:

16	Mandeln
etwas	Rohrohr-Puderzucker
etwas	Butter und Dinkelmehl für die Form

Nach Wunsch die Rosinen in dem Wasser und dem Rum einweichen.

Das Mehl in eine Rührschüssel geben. Die Hefe in der Milch auflösen. Im Mehl eine kleine Mulde formen und die Hefemilch hineingießen. Die Schüssel mit einem Tuch abdecken und den Vorteig 20 Minuten gehen lassen.

Die Butter in Würfel schneiden und in die Schüssel füllen. Die restlichen Teigzutaten hinzugeben und alles mit der Hand oder mit dem Knethaken in der Küchenmaschine zu einem sehr glatten Teig verkneten. Das lange Kneten ist die Voraussetzung für einen perfekten, lockeren Gugelhupf. Zum Schluss ggf. die eingeweichten Rosinen ausdrücken und unter den Teig kneten. Die Schüssel mit einem Tuch abdecken und den Teig an einem warmen Ort etwa 2 Stunden gehen lassen. Nach 1 Stunde den Teig „falten". D.h. den Teig mit feuchten Händen von hinten hochziehen und nach vorn klappen. Die Schüssel dreimal um 90 Grad drehen und den Vorgang jeweils wiederholen. Durch das „Falten" bekommt das Gebäck eine schöne Struktur.

In der Zwischenzeit die Gugelhupfform mit etwas Butter einfetten und leicht mit Mehl bestäuben. Die Mandeln mit kochendem Wasser übergießen, kurz einweichen und danach mit kaltem Wasser abschrecken. Jetzt lassen sie sich leicht häuten.

Auf den Boden der Gugelhupfform in jede Vertiefung eine Mandel legen. Den Teig noch einmal kurz falten (s.o.), etwas in die Länge ziehen und gleichmäßig in die Form legen. Abgedeckt weitere 30 Minuten aufgehen lassen.

Den Backofen auf 180 °C (Umluft) vorheizen. Den Gugelhupf ca. 45 Minuten backen. Auf einem Kuchengitter auskühlen lassen. Vor dem Servieren leicht mit Puderzucker bestäuben.

Auf Flohmärkten sind oft noch wunderschöne alte Gugelhupf-Formen aus Ton zu finden. Die Suche lohnt sich, denn diese Formen erzählen Geschichten.

CHRISTSTOLLEN

ZUTATEN
FÜR EINEN STOLLEN

FÜR DEN TEIG:

100 g	Rosinen
1 EL	Rum
450 g	Dinkelmehl, Type 630
1 TL	Meersalz
35 g	Rohrohrzucker
½ TL	gemahlener Ceylon-Zimt
½ TL	gemahlener Kardamom
½ TL	gemahlener Ingwer
1 Würfel	frische Hefe (42 g)
150 ml	lauwarme Milch
1	abgeriebene Schale von unbehandelten Zitrone
5	Eigelb
125 g	weiche Butter (Zimmertemperatur)
100 g	geschälte, gehackte Mandeln
50 g	Zitronat
50 g	Orangeat
50 g	Cranberrys

FÜR DIE FÜLLUNG:

125 g	Honigmarzipan

ZUM BESTREICHEN:

50 g	Butter
50 g	Rohrohr-Puderzucker
etwas	Dinkelmehl für die Arbeitsfläche

Die Rosinen in dem Rum einweichen

Das Mehl, das Salz, den Rohrohrzucker und die Gewürze in eine Rührschüssel geben und gut vermischen. In der Mitte eine Mulde bilden. Die Hefe in der Milch auflösen und in die Mulde gießen. Die Schüssel mit einem Tuch abdecken und den Vorteig 15 Minuten gehen lassen.

Danach die eingeweichten Rosinen und die restlichen Teigzutaten in die Rührschüssel geben und alles mit der Hand oder mit dem Knethaken in der Küchenmaschine zu einem Teig verkneten. Den Teig mit einem Tuch abdecken und mindestens 2 Stunden aufgehen lassen, bis er sein Volumen etwa verdoppelt hat.

Ein Backblech mit Backpapier auslegen. Den Teig auf einer leicht bemehlten Arbeitsfläche noch einmal kurz durchkneten. Danach zu einem Rechteck ca. 3 mm dick ausrollen.

Aus dem Honigmarzipan eine Rolle in der Länge des Rechtecks formen und auf die Teigmitte legen. Das Rechteck an der Längsseite zusammenklappen, so dass außen noch ein ca. 3 cm breiter Rand bleibt. So entsteht die typische Stollenform. Den Stollen auf das Backblech legen, mit einem Tuch abdecken und noch weitere 30 Minuten gehen lassen.

In der Zwischenzeit den Backofen auf 175 °C (Umluft) vorheizen. Den Stollen ca. 45 Minuten goldbraun backen.

Die Butter in einem Topf erhitzen. Den noch warmen Stollen mit der flüssigen Butter bepinseln, mit dem Puderzucker bestäuben und auf einem Kuchengitter vollständig auskühlen lassen. Danach erst in Pergamentpapier, dann in Alufolie einwickeln und in einem möglichst kühlen Raum mindestens eine Woche durchziehen lassen. So kann sich das Aroma am besten entwickeln und der Stollen hält über die gesamte Adventszeit.

Feinste Stollen werden in dieser
Zeit mit der Post in alle Welt verschickt.
Welche Liebeserklärung im Advent!

FAMILIE

Gemeinsam Zeit zu verbringen,
ist das wunderbarste Geschenk,
das wir uns machen können.

„UND STILLE WIRD EIN JEDES HAUS", so heißt es in einem Wintergedicht von Rainer Maria Rilke. Die leisen Töne im Dezember sind uns irgendwie abhandengekommen. Turbulent und oft sehr anstrengend sind die Wochen und Tage vor dem Weihnachtsfest. In den meisten Familien ist das so, auch bei uns. Das gemeinsame Adventswochenende in den Tiroler Bergen haben wir uns lange herbeigewünscht. Die Studienorte meiner Geschwister sind weit entfernt, deshalb sehen wir uns meist nur zu bestimmten Anlässen. Das nahende Fest ist so ein Anlass. Nicht irgendeiner, sondern für uns der schönste des Jahres.

BEIM ANKOMMEN am frühen Abend war es draußen bereits stockdunkel. Das Essen in der großen Bauernstube aus Zirbenholz dauerte nicht lange. Einer nach dem anderen zog sich mit seinem Reisegepäck in die Schlafkammer zurück, um kurz darauf in den Tiefen seines rotkarierten Federbettes zu versinken. Heute morgen bin ich die Erste, die auf den Beinen ist. Sogar unser kleiner Sohn schlummert noch fest. Ich brühe einen Kaffee auf und setze mich ans Fenster. Während der Nacht muss es erneut geschneit haben. Hier oben in den Bergen fallen die Flocken so dicht, dass sie in nur wenigen Stunden eine ganze Landschaft einnehmen können. Die hohen Tannen haben sich zu anmutigen Gestalten verwandelt. Sie tragen weiße flauschige Mäntel aus Schnee, die in der ersten Morgensonne zu funkeln beginnen. Der Wind hat die weißen Kristalle an manchen Stellen wellenförmig aufgetürmt. Ich öffne das Fenster, spüre sofort die eiskalte Luft hereinströmen und lausche hinaus. Nichts. Einfach nur Stille.

KURZ VOR MITTAG brechen wir zu einer Wanderung auf. Lachend schnallen wir uns die Schneeschuhe unter die Bergstiefel und stapfen los. Wir laufen ohne Gefühl für Zeit durch den tief verschneiten Wald. Adalbert Stifters Geschichte von der Suche nach dem Bergkristall fällt uns ein. So muss die Winterlandschaft ausgesehen haben. Mit roten Wangen, erschöpft und glücklich zugleich kommen wir zurück. In der Berghütte duftet es nach geschmücktem Tannengrün und Harz. Wir zünden Kerzen an und holen das alte Räuchermännchen hervor. Weihrauch steigt aus seiner Pfeife. Ein köstlicher Duft entströmt auch dem Backofen. Knusprige Butterplätzchen liegen auf dem Blech. Zum gemeinsamen Ausstechen benutzen wir neu entdeckte Formen, aber auch die alten, schon leicht verbogenen Blechformen der Großmutter. Ihre Engel gehören an Weihnachten einfach dazu.

DRAUSSEN hat wieder Schneefall eingesetzt. Vielleicht schneien wir ein, aber nur vielleicht. Im Kamin knistert das Feuer aus Buchenholz. Wir setzen uns davor und erzählen bis spät in die Nacht. Die wunderweißen Nächte von Rilke, in den Bergen haben wir sie gefunden.

BUTTERGEBÄCK

zum Ausstechen

ZUTATEN
FÜR ETWA 60–70 PLÄTZCHEN (JE NACH GRÖSSE)

500 g	Dinkelmehl, Type 630
150 g	Rohrohr-Puderzucker
1 Prise	Meersalz
1 Msp.	gemahlener Ceylon-Zimt
350 g	kalte Butter
1	Ei

ZUM VERZIEREN:

etwas	Rohrohr-Puderzucker oder
etwas	Guss aus 50 g Puderzucker und 4 TL Zitronensaft
etwas	Dinkelmehl für die Arbeitsfläche

Das Dinkelmehl, den Puderzucker, das Salz und den Zimt in eine Rührschüssel geben. Die Butter in Würfel schneiden, hinzufügen und alles rasch vermengen, bis Streusel entstehen. Das Ei verquirlen, dazugeben und alles zu einem geschmeidigen Teig verkneten. Den Teig in Klarsichtfolie wickeln und 30 Minuten kühl stellen.

Ein Backblech mit Backpapier auslegen.

Eine Arbeitsfläche leicht mit Mehl bestäuben. Den Teig halbieren. Die erste Hälfte 2–3 mm dick ausrollen. Zwischendurch mit einer Palette unter die Teigplatte streichen, um zu verhindern, dass der Teig an der Arbeitsfläche haftet.

Nach Belieben weihnachtliche Formen ausstechen, auf das Backblech setzen und 15 Minuten kühl stellen. Mit der zweiten Teighälfte genauso verfahren.

In der Zwischenzeit den Backofen auf 160 °C (Umluft) vorheizen. Das Buttergebäck 13–15 Minuten backen, bis es leicht gebräunt ist. Die Plätzchen mit einer Palette auf ein Kuchengitter setzen und auskühlen lassen. Nach Belieben mit Puderzucker bestäuben oder mit etwas Zitronenguss bestreichen. In einer Dose verpackt bleibt das Buttergebäck mindestens zwei Wochen frisch.

Hauchfein ausgerollt schmeckt das Mürbeteiggebäck einfach am besten. Bei uns kommt jedes Jahr eine neue kleine Ausstechform dazu.

FRÜCHTEBROTE

ZUTATEN
FÜR 8 KLEINE LAIBE

500 g	Äpfel (z.B. Boskoop)
50 g	getrocknete Feigen
50 g	getrocknete Cranberrys
50 g	getrocknete, ungeschwefelte Aprikosen
50 g	getrocknete Zwetschgen, ohne Stein
180 g	Rosinen
120 g	Haselnüsse
1 Prise	Meersalz
100 g	Rohrohrzucker
1 geh. TL	gemahlener Ceylon-Zimt
1 geh. TL	Lebkuchengewürz
1 Msp.	gemahlene Nelken
320 g	Dinkelmehl, Type 630
2 TL	Weinsteinbackpulver

ZUM DEKORIEREN:

100 g	geschälte gemahlene Mandeln

Die Äpfel vierteln, schälen und die Kerngehäuse entfernen. Die Viertel auf der Gemüsereibe in eine Schüssel grob raspeln. Die getrockneten Früchte, außer den Rosinen, fein hacken. Die Haselnüsse grob hacken. Das Trockenobst, die Rosinen, die Haselnüsse, das Salz, den Rohrohrzucker und die Gewürze zu den Äpfeln geben. Alles gut durchmischen und abgedeckt über Nacht durchziehen lassen.

Am nächsten Tag den Backofen auf 160 °C (Umluft) vorheizen. Ein Backblech mit Backpapier belegen.

Das Mehl und das Backpulver vermischen, zum Obst-Gewürz-Gemisch geben und alles zu einem Teig kneten. Mit angefeuchteten Händen acht kleine Früchtebrote formen und auf das Blech legen. Die Oberfläche nach Belieben mit den Mandeln verzieren. Die Früchtebrote 60–70 Minuten backen. Auf einem Kuchengitter auskühlen lassen.

An einem kühlen Ort gelagert, halten sich die Früchtebrote eine Woche frisch. Sie lassen sich auch gut einfrieren.

Diese Früchtebrote gehören zu meinen absoluten Lieblingsrezepten in der Weihnachtszeit. Sie sorgen für so viel Begeisterung, sie mussten einfach mit in dieses Buch!

STUTENMÄNNCHEN

ZUTATEN
FÜR ETWA 10 STÜCK

15 g frische Hefe
200 ml lauwarme Milch
350 g Dinkelmehl, Type 630
60 g Rohrohrzucker
½ TL Meersalz
2 Eigelb
40 g weiche Butter (Zimmertemperatur)

ZUM BESTREICHEN:

1 Eigelb
1 EL Milch

ZUM DEKORIEREN:

Rosinen

etwas Dinkelmehl für die Arbeitsfläche

Die Hefe in der Milch auflösen. Das Mehl und den Zucker in eine Rührschüssel geben. Die Hefemilch dazugießen, die Schüssel mit einem Tuch abdecken und die Mischung ca. 15 Minuten gehen lassen.

Danach das Salz, die Eigelbe und die in Würfel geschnittene Butter hinzufügen und alle Zutaten mit dem Knethaken in der Küchenmaschine zu einem geschmeidigen Teig kneten. Die Oberfläche mit etwas Mehl bestäuben und den Hefeteig abgedeckt 1 Stunde gehen lassen.

Ein Backblech mit Backpapier auslegen. Die Arbeitsfläche und die Kuchenrolle mit Mehl bestäuben. Den Hefeteig noch einmal in der Schüssel durchkneten und danach 1,5 cm dick ausrollen.

Aus dem Teig Stutenmännchen ausstechen oder mit Hilfe einer Schablone etwa 13 cm große Männchen ausschneiden. Die Stutenmännchen auf das Backblech legen und mit halbierten Rosinen als Augen und Knöpfe dekorieren. Aus kleinen Teigstückchen Schnurrbärte und Augenbrauen formen. Die Männchen mit einem Tuch abdecken und weitere 15 Minuten gehen lassen.

In der Zwischenzeit den Backofen auf 200 °C (Umluft) vorheizen.

Das Eigelb mit der Milch verquirlen und die Oberfläche der Männchen damit bestreichen. Die Stutenmännchen etwa 20 Minuten goldbraun backen.

Diese prächtigen Kerle sind eine süße Überraschung am Nikolaustag.

QUARKSTOLLEN

ZUTATEN

FÜR EINEN GROSSEN ODER DREI KLEINE STOLLEN

150 g	frische Walnüsse
200 g	weiche Butter (Zimmertemperatur)
60 g	Rohrohr-Puderzucker
Mark von 1	Vanilleschote
2	Eier
250 g	frisch gemahlenes feines Dinkelvollkornmehl (alternativ Type 1050)
250 g	Dinkelmehl, Type 630
1 Päckchen	Weinsteinbackpulver
1 Prise	Meersalz
1 geh. TL	gemahlener Ceylon-Zimt
½ TL	gemahlener Kardamom
250 g	Quark 20%
2–3 EL	Rum
250 g	Rosinen
100 g	Zitronat
100 g	Orangeat

ZUM BESTREICHEN UND BESTÄUBEN:

50 g	flüssige Butter
50 g	Rohrohr-Puderzucker
etwas	Dinkelmehl für das Backbrett

Den Backofen auf 175 °C (Umluft) vorheizen.

Die Walnüsse auf einem Blech verteilen und im Backofen rösten, bis sie duften. Abkühlen lassen und fein hacken.

Die Butter, den Rohrohrzucker und das Vanillemark cremig rühren. Die Eier mit einer Gabel verrühren und dann nach und nach unter Rühren zur Butter-Zucker-Masse gießen. Das Mehl mit dem Backpulver, dem Salz und den Gewürzen mischen. Jeweils ein Drittel des Mehlgemischs, des Quarks und des Rums kurz unter den Teig rühren. Die restlichen beiden Drittel ebenfalls schnell hintereinander unter den Teig rühren. Zum Schluss die Rosinen, das Zitronat, das Orangeat und die gehackten Walnüsse mit einem Kochlöffel unterheben.

Ein Backbrett mit Mehl bestäuben. Für einen großen Stollen den Teig zu einer Kugel formen und zu einem Rechteck (ca. 3 cm dick) ausrollen. Das Rechteck an der längeren Seite zusammenklappen, so dass außen noch ein ca. 3 cm breiter Rand stehen bleibt. Auf diese Weise entsteht die Stollenform! Ein Backblech mit Backpapier auslegen und den Stollen daraufsetzen.

Für drei kleine Stollen den Teig erst zu einer Rolle formen, dann in drei gleiche Stücke schneiden und diese jeweils zu einem Rechteck (ca. 3 cm dick) ausrollen. Die Rechtecke ebenfalls von der längeren Seite her zusammenklappen, so dass außen noch ein ca. 2 cm breiter Rand bleibt.

Den großen Stollen ca. 55 Minuten goldbraun backen. Die kleinen Stollen brauchen ca. 40 Minuten. Nach dem Backen noch heiß mit der flüssigen Butter bepinseln und mit dem Puderzucker bestäuben. Erst auf dem Blech abkühlen und danach auf einem Küchengitter vollständig auskühlen lassen.

Den Stollen mit weißem Pergamentpapier umwickeln, in Alufolie einpacken und kühl lagern. So hält er sich über mehrere Wochen. Zum Verschenken sind die kleinen Stollen ideal.

GEWÜRZKIPFERL

ZUTATEN
FÜR CA. 20 STÜCK

55 g kalte Butter
20 g Kokosblütenzucker
30 g Mandeln
40 g frisch gemahlenes feines Dinkelvollkornmehl (alternativ Type 1050)
40 g Dinkelmehl, Type 630
1 Prise gemahlene Nelken
1 Prise gemahlener Ceylon-Zimt
1 Prise Meersalz

etwas Dinkelmehl für die Arbeitsfläche

ZUM BESTÄUBEN:

etwas Rohrohr-Puderzucker

Die Butter in Würfel schneiden und mit den restlichen Zutaten fein krümelig vermischen. Die Krümel rasch zu einem Teig zusammenfügen und nur sehr kurz kneten.

Ein Backblech mit Backpapier auslegen. Auf einer bemehlten Arbeitsfläche den Teig halbieren und die Hälften jeweils zu einer Rolle (Ø 2,5 cm) formen. Etwa 1,5 cm breite Scheiben abschneiden. Mit den Fingerspitzen die Scheiben zusammendrücken, zu halbrunden Kipferln formen und auf das Backblech legen. Mit Klarsichtfolie bedecken und die Kipferl etwa 15 Minuten kühl stellen bis sie fest und kalt sind.

In der Zwischenzeit den Backofen auf 175 °C (Umluft) vorheizen. Die Kipferl etwa 20 Minuten goldbraun backen. Die noch heißen Kipferl mit einem Hauch Puderzucker bestäuben und dann auf einem Kuchengitter abkühlen lassen. Zur Aufbewahrung die Kipferl in einer luftdicht verschlossenen Dose lagern.

VANILLEKIPFERL

ZUTATEN
FÜR CA. 60 STÜCK

150 g Dinkelmehl, Type 630
60 g geschälte, gemahlene Mandeln
40 g Rohrohrzucker
1 Prise Meersalz
Mark von ½ Vanilleschote
115 g kalte Butter

etwas Dinkelmehl für die Arbeitsfläche

ZUM BESTÄUBEN:

etwas Rohrohr-Puderzucker

Ein Backblech mit Backpapier auslegen.

Das Mehl, die Mandeln, den Rohrohrzucker und das Salz in eine Rührschüssel geben. Das Vanillemark dazugeben. Die Butter in Würfel schneiden, zu den restlichen Zutaten fügen und mit der Hand alles fein zerkrümeln. Danach rasch zu einem glatten Teig zusammenkneten.

Den Teig auf einer leicht bemehlten Arbeitsfläche halbieren und die Hälften jeweils zu einer Rolle (Ø 3 cm) formen. Davon etwa 1 cm breite Scheiben abschneiden. Mit den Fingerspitzen die Scheiben zusammendrücken und zu halbmondförmigen Kipferln formen. Die Kipferl auf das Backblech legen, mit Klarsichtfolie bedecken und 15 Minuten kühl stellen.

Den Backofen auf 160 °C (Umluft) vorheizen. Die Kipferl etwa 15 Minuten backen. Auf einem Kuchengitter auskühlen lassen und dann weitere 5 Minuten bei 160 °C backen. So werden sie schön knusprig.

Zum Schluss die Kipferl mit Puderzucker bestäuben.

KÄSEKUCHEN

ZUTATEN
FÜR EINE SPRINGFORM (Ø 26 CM)

FÜR DEN BODEN:

150 g	frisch gemahlenes feines Dinkelvollkornmehl (alternativ Type 1050)
150 g	Dinkelmehl, Type 630
1 TL	Weinsteinbackpulver
180 g	kalte Butter
1	Ei
40 g	Kokosblütenzucker
1 Prise	Meersalz
1	abgeriebene Schale von unbehandelten Zitrone

FÜR DIE FÜLLUNG:

150 g	Butter
100 g	Rosinen
1 EL	Rum
750 g	Magerquark
1	abgeriebene Schale von unbehandelten Zitrone
100 g	Rohrohrzucker
6	Eigelb
80 g	Dinkelmehl, Type 630
6	Eiweiß
1 Prise	Meersalz
etwas	Butter und Dinkelmehl für die Form

Den Boden der Springform mit Backpapier auslegen. Den Rand mit Butter einfetten und leicht bemehlen.

Das Mehl mit dem Backpulver mit einem Schneebesen in einer Schüssel vermengen. Die Butter in Flöckchen dazugeben. Die restlichen Teigzutaten hinzufügen und alles mit der Hand oder mit der Küchenmaschine rasch zu einem glatten Teig verkneten. Den Teig zu einer Kugel formen und zwischen zwei Backpapieren zu einem Kreis ausrollen (Ø 38 cm). Der Boden soll einen 6 cm hohen Rand bekommen. Das obere Backpapier abziehen. Mit dem unteren Backpapier den ausgerollten Teig mit dem Papier nach oben in die Springform legen. Den Teig mit dem Backpapier in der Form auf allen Seiten festdrücken. Zum Schluss nur noch das Backpapier abziehen. Evtl. abstehende Ränder gleichmäßig abschneiden. Den Boden mit einer Gabel mehrmals einstechen, die Form mit Klarsichtfolie abdecken und im Gefrierfach oder im Kühlschrank kaltstellen, bis der Boden kalt und fest ist.

In der Zwischenzeit den Backofen auf 180 °C (Umluft) vorheizen. Den Mürbeteigboden auf der mittleren Schiene ca. 20 Minuten goldbraun vorbacken.

In der Zwischenzeit für die Füllung die Butter zerlassen und abkühlen lassen. Die Rosinen im Rum einweichen.

Den Quark mit der Zitronenschale und dem Rohrohrzucker verrühren, so dass der Zucker sich auflöst. Dann nach und nach unter langsamem Rühren die Eigelbe und die abgekühlte flüssige Butter hinzufügen. Das Mehl in den Quark sieben und kurz unterrühren. Die Eiweiße mit dem Salz zu Eischnee steif schlagen und mit einem Spatel vorsichtig nach und nach unter die Quarkmasse heben. Die eingeweichten Rosinen zum Schluss unterheben.

Die Masse auf dem vorgebackenen Boden verteilen und auf der mittleren Schiene 1 Stunde goldbraun backen. Nach etwa 20 und 40 Minuten die Ofentür öffnen und an der Oberfläche der Quarkmasse ca. 1 cm vom Rand entfernt rundherum mit einem Messer einschneiden. Den Käsekuchen ca. 1,5 Stunden in der Form und dann auf einem Gitter gut auskühlen lassen.

SCHOKOLADEN-ROTWEIN-KUCHEN

ZUTATEN
FÜR EIN BACKBLECH
(ERGIBT CA. 25 STÜCKE)

100 g	Schokolade (70 % Kakaoanteil)
250 g	weiche Butter (Zimmertemperatur)
1 Prise	Meersalz
100 g	Rohrohrzucker
4	Eigelb
25 g	Kakao
1 TL	gemahlener Ceylon-Zimt
13 g	Weinsteinbackpulver
230 g	Dinkelmehl, Type 630
125 ml	Rotwein
4	Eiweiß
1 Glas	Sauerkirschen (Abtropfgewicht 350 g)

ZUM DEKORIEREN:

etwas	Rohrohr-Puderzucker
etwas	Butter und Mehl für das Backblech

Ein Backblech mit etwas Butter einfetten und leicht mit Mehl bestäuben.

Die Schokolade fein hacken.

Die Butter, das Salz und den Rohrohrzucker in eine Rührschüssel geben und zu einer hellen Creme aufschlagen. Die Eigelbe nach und nach unterrühren. Den Kakao, den Zimt, das Backpulver und das Mehl vermischen und über die Eimasse sieben. Die Schokolade und den Rotwein hinzufügen und alles nur ganz kurz durchrühren.

Den Backofen auf 175 °C (Umluft) vorheizen.

Die Eiweiße sehr steif schlagen und in drei Portionen nacheinander unter den Teig heben. Den Teig auf dem Backblech verstreichen und mit den abgetropften Kirschen belegen. Den Kuchen 20–22 Minuten backen. Auf dem Blech abkühlen lassen. Danach in quadratische Stücke schneiden. Mit Hilfe von Schablonen die Kuchenstücke dekorativ mit Puderzucker bestäuben.

Auf einem großen Blech gebacken ist dieser Kuchen ideal, wenn sich viele Kaffeegäste ankündigen. Die Schneekristalle aus Puderzucker entstehen mit Hilfe einer dünnen Schablone.

Liebevoll stimmen wir im Advent das Haus auf Weihnachten ein und lassen die Fenster in hellem Sternenglanz erstrahlen. Die einfachste Dekoration ist oft am schönsten! Am großen Esstisch versammeln wir uns zum gemeinsamen Basteln. Schon in unserer Kindheit haben wir es geliebt, zarte Schneeflocken aus Papier auszuschneiden. Dafür werden quadratische oder runde weiße Papierbögen drei Mal gefaltet und dann mit einer spitzen Schere von allen Seiten nach Belieben kleine Muster eingeschnitten. Das Öffnen der Flocken sorgt jedes Mal für einen besonderen Moment der Überraschung!

NEUJAHRSBREZELN

ZUTATEN
FÜR 2 STÜCK

20 g	frische Hefe
280 ml	lauwarme Milch
500 g	Dinkelmehl, Type 630
50 g	Rohrohrzucker
1 TL	Meersalz
2	Eigelb
100 g	weiche Butter (Zimmertemperatur)
	ZUM BESTREICHEN:
1	Eigelb
1 EL	Milch
	ZUM DEKORIEREN:
	Rosinen
etwas	Dinkelmehl für die Arbeitsfläche

Die Hefe in der Milch auflösen. Das Mehl und den Rohrohrzucker in eine Rührschüssel geben. Die Hefemilch dazugießen, die Schüssel mit einem Tuch abdecken und die Mischung ca. 15 Minuten gehen lassen.

Danach das Salz, die Eigelbe und die in Würfel geschnittene Butter hinzufügen und alle Zutaten mit dem Knethaken in der Küchenmaschine zu einem geschmeidigen Teig kneten. Die Oberfläche mit etwas Mehl bestäuben und den Hefeteig abgedeckt an einem warmen Ort 1 Stunde gehen lassen.

Ein Backblech mit Backpapier auslegen. Die Arbeitsfläche leicht mit Mehl bestäuben. Den Hefeteig noch einmal in der Schüssel durchkneten. Den Teig auf die Arbeitsfläche geben und mit einem Teigschaber oder Messer halbieren. Von jeder Hälfte eine walnussgroße Portion zum Dekorieren beiseitelegen.

Für die erste Brezel mit beiden Händen aus dem Teig einen etwa 70 cm langen Strang formen. Um die typische Brezelform zu erhalten, sollte der Strang in der Mitte etwas dicker sein und zu den Enden hin etwas dünner auslaufen. Jetzt die Enden umeinanderschlingen und nach oben zur Brezel legen. Aus dem kleinen Teigstück einen Zopf flechten und auf die Brezel legen. Alternativ die Jahreszahl für das Neue Jahr formen und die Brezel damit dekorieren. Die Brezel auf das Backblech legen. Die zweite Brezel genauso formen und ebenfalls auf das Backblech legen. Die Brezeln mit einem Tuch abdecken und weitere 15 Minuten gehen lassen. In der Zwischenzeit den Backofen auf 200 °C (Umluft) vorheizen.

Das Eigelb mit der Milch verquirlen und die Oberfläche der Brezeln damit bestreichen. Die Brezeln etwa 20 Minuten goldbraun backen.

Am Nachmittag des 31. Dezember backen wir traditionell mit der Familie Neujahrsbrezeln. Die Hefeteigbrezel gilt als Glücksbringer für das Neue Jahr und schmeckt ganz frisch mit etwas Butter am besten.

TANNENBÄUMCHEN

ZUTATEN
FÜR EINE FORM (12 x 36 CM), ERGIBT 7 BÄUME

FÜR DEN TEIG:

3	Eiweiß
1 Prise	Meersalz
30 g	Rohrohrzucker
3	Eigelb
1 EL	Kürbiskernöl
50 g	Kürbiskerne
20 g	frisch gemahlenes feines Dinkelvollkornmehl (alternativ Type 1050)

FÜR DAS FROSTING:

40 g	weiche Butter (Zimmertemperatur)
20 g	Rohrohr-Puderzucker
20 g	Ahornsirup
130 g	Frischkäse (Doppelrahmstufe)
½	Zesten von unbehandelten Orange
8 TL	Orangensaft
7	Cranberrys
etwas	Butter und Dinkelmehl für die Form

Die Form mit Backpapier auskleiden. Den Backofen auf 175 °C (Umluft) vorheizen.

Die Eiweiße in einer Rührschüssel mit dem Salz steif schlagen. Den Rohrohrzucker einrieseln lassen und weiterrühren bis die Masse glänzend ist. Dann unter Rühren nach und nach erst die Eigelbe und dann das Kürbiskernöl dazugeben. Die Masse soll sehr luftig werden.

Die Kürbiskerne in einem Multimixer fein mahlen. 10 g der gemahlenen Kürbiskerne beiseitestellen. Den Rest mit dem Dinkelvollkornmehl vermengen und mit einem Schneebesen vorsichtig unter den Teig heben. Den Biskuitteig in die Form gießen und auf der mittleren Schiene im Backofen ca. 15 Minuten goldbraun backen. Den Teig zum Abkühlen aus der Form auf ein Kuchengitter stürzen und vorsichtig das Backpapier abziehen. Danach mit einem scharfen Messer sieben gleichmäßige Dreiecke aus dem Biskuit herausschneiden.

Für das Frosting die Butter mit dem Puderzucker verrühren. Dann den Ahornsirup langsam unter Rühren dazugeben und den Frischkäse unterrühren. Zum Schluss die Orangenzesten und 1 TL Orangensaft untermengen.

Jedes Tannenbäumchen mit jeweils 1 TL frischem Orangensaft beträufeln. Das Frosting mit einem kleinen Spatel oder mit einer Spritztülle auf dem Biskuit verteilen.

Die Cranberrys fein würfeln und mit den gemahlenen Kürbiskernen dekorativ auf die Creme streuen.

Kürbiskernöl aus der Steiermark hat eine intensive dunkelgrüne Farbe und ein unvergleichlich nussiges Aroma. Ich nutze es, um den Teig für die Tannenbäume natürlich grün zu färben.

LINZERTORTE

ZUTATEN
FÜR EINE SPRINGFORM (Ø 20 CM)

FÜR DEN TEIG:

100 g	weiche Butter (Zimmertemperatur)
50 g	Rohrohrzucker
1 Prise	Meersalz
1	Ei (Größe S)
1 EL	Rum
1 geh. TL	gemahlener Ceylon-Zimt
1 Msp.	gemahlene Nelken
1 TL	Kakaopulver
100 g	gemahlene Haselnüsse
½ TL	Weinsteinbackpulver
120 g	Dinkelmehl, Type 630

FÜR DIE FÜLLUNG:

150 g	Himbeerkonfitüre

ZUM BESTREUEN:

etwas	Rohrohr-Puderzucker
etwas	Dinkelmehl für die Arbeitsfläche

Die Butter, den Rohrohrzucker und das Salz in eine Rührschüssel geben und mit den Quirlen des Handrührgeräts zu einer hellen Creme aufschlagen. Das Ei verquirlen und 30 g davon abwiegen, den Rest anderweitig verwenden. Das Ei und den Rum unter die Masse rühren. Die Gewürze, das Kakaopulver, die Nüsse, das Backpulver und das Dinkelmehl vermischen und nur kurz unter den Teig rühren.

Den Backofen auf 180 °C (Umluft) vorheizen. Die Springform mit Backpapier auslegen.

275 g Teig für den Boden abwiegen und in die Form geben. Mit leicht bemehlten Händen flach drücken, dabei einen 1 cm hohen Rand formen. Die Konfitüre glattrühren und auf dem Boden verstreichen. Den restlichen Teig auf einer bemehlten Arbeitsfläche etwa 4 mm dick ausrollen. Daraus Herzen ausstechen und auf die Konfitüre legen.

Die Linzertorte etwa 30 Minuten goldbraun backen. Danach auf einem Kuchengitter auskühlen lassen.

Damit sich das Aroma gut entfalten kann, sollte die Torte 2–3 Tage durchziehen. Vor dem Servieren die Linzertorte leicht mit etwas Puderzucker bestreuen.

Bei festlichen Anlässen ist die Linzertorte in unserer Familie nicht wegzudenken! Sie wird ein paar Tage vorher gebacken, damit sich das Aroma der feinen Zutaten voll entfalten kann.

WEIHNACHTSTORTE

ZUTATEN
FÜR EINE SPRINGFORM (Ø 26 CM)

FÜR DEN MÜRBETEIG:

100 g	kalte Butter
40 g	Rohrohrzucker
75 g	Dinkelmehl, Type 630
75 g	frisch gemahlenes feines Dinkelvollkornmehl (alternativ Type 1050)
1 Prise	Meersalz
1 Msp.	gemahlener Ceylon-Zimt
1 Msp.	Lebkuchengewürz

FÜR DEN BISKUIT:

5	Eier
1 Prise	Meersalz
100 g	Rohrohrzucker
4 EL	neutrales Rapsöl
100 g	Dinkelmehl, Type 630
1 TL	Weinsteinbackpulver
50 g	gemahlene Haselnüsse
2 gestr. TL	Lebkuchengewürz

FÜR DIE FÜLLUNG:

700 g	ungezuckerte Sauerkirschen aus dem Glas (Abtropfgewicht)
400 ml	Sahne
1 Päckchen	Vanillezucker
200 g	Frischkäse

FÜR DIE VERZIERUNG:

80 g	Honigmarzipan
20	geschälte Mandelblättchen
15 g	Kürbiskerne
35 g	Mandeln
etwas	Rohrohr-Puderzucker

Den Backofen auf 175 °C (Umluft) vorheizen. Den Boden der Form mit Backpapier auslegen. Den Rand mit Butter einfetten und leicht bemehlen.

Für den Mürbeteig alle Zutaten mit der Küchenmaschine oder mit der Hand rasch zu einem gleichmäßigen Teig kneten. Glatt auf den Boden der Springform drücken. Mit einer Gabel mehrmals einstechen, die Form mit Klarsichtfolie abdecken und kalt stellen, bis der Teig fest ist. 20 Minuten auf der mittleren Schiene goldbraun vorbacken.

Währenddessen für den Biskuit die Eier trennen. Die Eiweiße in eine Rührschüssel geben und mit dem Salz steif schlagen. Den Zucker einrieseln lassen und weiterschlagen, bis die Masse glänzend ist. Unter Rühren zunächst die Eigelbe nach und nach hinzugeben, dann das Öl in einem feinen Strahl hinzugießen. Das Mehl mit dem Backpulver sieben, mit den gemahlenen Nüssen und dem Gewürz vermengen und nach und nach vorsichtig mit einem Schneebesen unterheben. Die Masse auf den vorgebackenen Mürbeteig in die Springform gießen, die Oberfläche glattstreichen. Auf der mittleren Schiene ca. 35 Minuten goldgelb backen. Aus der Form lösen und auf einem Gitter abkühlen lassen.

Zum Füllen die Torte einmal quer durchschneiden. Den unteren Boden auf die Tortenplatte setzen, rundherum einen Tortenring setzen.

Die Kirschen gut abtropfen lassen. Die Sahne steif schlagen, den Vanillezucker und zum Schluss den Frischkäse kurz unterrühren. Den Tortenboden gleichmäßig fein mit der Sahne-Frischkäse-Creme bestreichen. Die Kirschen darauf verteilen. Die Creme auf den Kirschen verteilen und glattstreichen. Das Oberteil der Torte darauf legen, leicht andrücken und die Torte rundherum mit der restlichen Sahne glatt bestreichen.

Für das Marzipanhäuschen aus dem Marzipan mit den Händen einen Quader (2 x 2 x 4 cm) formen. Für das Dach ein 2 mm dickes Rechteck (4 x 5 cm) formen und längs in der Mitte knicken. Das Dach in eine Hand nehmen und mit der anderen Hand die Oberfläche mit etwas Wasser befeuchten. Die Mandelblättchen als Dachschindeln vorsichtig andrücken und das Dach auf das Haus setzen. Aus dem restlichen Marzipan zwei Kegel formen. In einen rundherum Kürbiskerne einstecken, bis eine Tanne entstanden ist. Die Mandeln mit einem Messer vorsichtig halbieren und die Hälften rundherum in den anderen Marzipankegel stecken. Die Winterlandschaft auf die Torte setzen und mit Puderzucker bestäuben.

VINSCHGAUER

ZUTATEN
FÜR CA. 14 STÜCK

650 g	Roggenmehl, Type 1150
250 g	Dinkelmehl, Type 630
1 EL	Meersalz
1 Würfel	(42 g) frische Hefe
1 TL	Rohrohrzucker
ein 75 g Päckchen	flüssiger Natur-Sauerteig (alternativ ein 30-g-Päckchen Roggen-Sauerteig-Extrakt)
1 TL	Fenchelsamen
1 TL	Kümmelsamen
1 TL	ganzer Koriander
½ TL	Anissamen
1 geh. TL	gemahlener Schabzigerklee

ZUM BESTÄUBEN:

etwas	Roggenmehl
etwas	Dinkel- oder Roggenmehl für die Arbeitsfläche

Das Mehl und das Salz in eine große Schüssel geben und miteinander vermengen. In der Mitte eine Vertiefung formen. Die Hefe, den Rohrohrzucker und den Sauerteig in einer kleinen Schüssel mit 5 EL lauwarmem Wasser vermengen, bis sich die Hefe und der Zucker aufgelöst haben (bei Verwendung von Roggen-Sauerteig-Extrakt 250 ml Wasser nehmen). Die Flüssigkeit in die Vertiefung im Mehl gießen. Die Schüssel mit einem Tuch abdecken und den Teig 1 Stunde an einem warmen Ort gehen lassen.

In der Zwischenzeit den Fenchel, den Kümmel, den Koriander und den Anis in einer heißen Pfanne ohne Fett rösten, bis die Gewürze beginnen aromatisch zu duften. Die Gewürze abkühlen lassen, im Mörser vermahlen und mit dem Schabzigerklee zum Vorteig in die Schüssel geben.

Alle Zutaten in der Schüssel mit ca. 600 ml lauwarmem Wasser zu einem glatten Teig verkneten. Den Teig abgedeckt nochmals 1 Stunde an einem warmen Ort gehen lassen. Dann noch einmal durchkneten, die Schüssel mit Klarsichtfolie abdecken und über Nacht in den Kühlschrank stellen. So können sich die Gewürze voll entfalten!

Am nächsten Tag den Teig aus dem Kühlschrank nehmen und noch einmal durchkneten. Auf einer bemehlten Arbeitsfläche zu einer Rolle formen und in 14 gleiche Stücke schneiden. Die Teiglinge mit nassen Händen zu runden Fladen formen und auf ein mit Backpapier ausgelegtes Backblech setzen. Mit Roggenmehl bestäuben, mit einem Tuch abdecken und an einem warmen Ort nochmals 1 Stunde gehen lassen.

In der Zwischenzeit den Backofen auf 200 °C (Umluft) vorheizen. Auf den Backofenboden eine ofenfeste Form mit Wasser stellen. Die Vinschgauer auf der mittleren Schiene ca. 25–30 Minuten backen. Auf einem Kuchengitter abkühlen lassen. Die Vinschgauer sind lange haltbar.

Frisch aus dem Ofen und mit Butter bestrichen sind Vinschgauer ein ganz besonderer Genuss.

JANUAR | FEBRUAR
STADT
Stockholm

ZUCKERFREI
GLUTENFREI
LAKTOSEFREI
VEGAN

RAW CARROT CAKE

ZUTATEN
FÜR CA. 15 MINI-MUFFINFÖRMCHEN (Ø 4 CM, Z.B. AUS SILIKON)

FÜR DIE FÜLLUNG:

80 g Cashewnüsse
20 g flüssiges natives Kokosöl
40 g Ahornsirup
Mark von ½ Vanilleschote
Saft von ½ Limette
1 Prise Meersalz

FÜR DEN KAROTTEN-TEIG:

50 g Haferflocken
60 g geschälte, fein geraspelte Karotten
15 g Walnüsse
50 g weiche Medjooldatteln, ohne Stein
25 g Kokosraspel
1 Prise Meersalz
½ TL gemahlener Ceylon-Zimt
1 Msp. frisch geriebener Ingwer
2 TL Zitronensaft

ZUM DEKORIEREN:

etwas fein gehackte Pistazien und fein gehackte Walnüsse

Die Cashewnüsse in einer Schüssel mit Wasser bedecken und über Nacht einweichen lassen. Am nächsten Tag das Wasser abgießen und die Cashewnüsse in einem hohen Gefäß mit den restlichen Zutaten pürieren und beiseitestellen.

Die Haferflocken in einer heißen Pfanne ohne Fett rösten, bis sie beginnen aromatisch zu duften. Mit einem Holzlöffel umherrühren, damit sie nicht verbrennen. Im Multimixer fein mahlen und zur geraspelten Karotte geben. Die Walnüsse ebenfalls rösten, fein hacken und dazugeben. Die Medjooldatteln fein hacken und hinzfügen. Das Salz, den Zimt, den Ingwer und den Zitronensaft beigeben und alles mit den Händen zu einem gleichmäßigen, festen Teig kneten. Die Konsistenz ist wie bei einem ausrollbaren Mürbeteig.

Mit den Händen jeweils eine 3 mm dicke Schicht Teig gleichmäßig in die Förmchen drücken. Ebenfalls 3 mm dick mit Cashewcreme bestreichen. Die Törtchen in einer Box in der Gefriertruhe kühl stellen, bis die Creme fest ist. Nochmals in derselben Dicke Karottenteig auf die gefrorene Creme drücken und den Teig wieder mit Cashewcreme bestreichen. Die Törtchen in der Box mindestens 1 Stunde einfrieren.

30 Minuten vor dem Servieren herausnehmen und mit fein gehackten Pistazien und Walnüssen bestreuen.

Diese rohen Karotten-Törtchen sind wie eine Praline. Ich verarbeite sie deshalb am liebsten klein und fein. So kann man sich kurz vor dem Tee immer ein, zwei Törtchen aus der Gefriertruhe holen. Mit einer Silikonform geht das ganz einfach. Bei einer festen Form lege ich jede Mulde mit einem Streifen Backpapier aus, so dass sie nach dem Kühlen ganz einfach herauszulösen sind. Für einen Kuchen (Ø 20 cm) verwende ich das doppelte Rezept.

Von diesen köstlichen, gesunden Törtchen bereite ich gleich ein paar mehr zu und friere sie ein. Zum Tee sind diese „Beauty-Cakes" ganz schnell aufgetaut.

ZUCKERFREI
GLUTENFREI
LAKTOSEFREI

GRANOLA

mit Rosenblüten

ZUTATEN

FÜR ETWA 500 G MÜSLI

250 g	grobe glutenfreie Haferflocken
70 g	Sonnenblumenkerne
40 g	Leinsamen
1 TL	Fleur de Sel
1TL	gemahlener Ceylon-Zimt
4 EL	flüssiges natives Kokosöl
4 EL	Honig
70 g	Haselnüsse
40 g	Hanfsamen
½ TL	gemahlener Ingwer
½ TL	gemahlener Kardamom
2 EL	getrocknete Rosenblüten

Den Backofen auf 175 °C (Umluft) vorheizen.

Die Haferflocken mit den Sonnenblumenkernen, dem Leinsamen, dem Fleur de Sel und dem Zimt vermengen. Das Kokosöl und den Honig dazugeben, alles mit den Händen verkneten und auf einem mit Backpapier ausgelegten Backblech verteilen. Etwa 20 Minuten auf der mittleren Schiene goldbraun backen und danach auf einem Teller auskühlen lassen.

Die Haselnüsse auf ein Blech verteilen und im heißen Backofen auf der oberen Schiene rösten, bis die Haut einreißt. Die gerösteten Haselnüsse in ein Geschirrtuch einschlagen und gegeneinander reiben, so dass sich die Schale ablöst. Die Haselnüsse grob hacken und zum abgekühlten Granola hinzufügen. Die restlichen Zutaten dazugeben und mit den Händen oder einem Holzlöffel vermischen.

Bereits die Zubereitung des Müslis ist ein Genuss. Ich fülle es in ein großes Schraubglas und genieße es am liebsten mit Joghurt und ein paar Früchten.

15

APRIKOSEN-CRANBERRY-PLÄTZCHEN

ZUTATEN
FÜR ETWA 30 STÜCK

20 g	Cranberrys
20 g	getrocknete, ungeschwefelte Aprikosen
120 g	kalte Butter
40 g	Rohrohrzucker
180 g	Dinkelmehl, Type 630
1 Prise	Meersalz
1 TL	gemahlener Ingwer
1	abgeriebene Schale von unbehandelten Zitrone

ZUM VERZIEREN:

1–2 EL	Ahornsirup
etwas	Kokosraspel
etwas	Dinkelmehl für die Arbeitsfläche

Die Cranberrys und die Aprikosen fein hacken und in eine Schüssel geben. Die Butter würfeln und mit den übrigen Zutaten hinzufügen. Alles mit der Küchenmaschine oder mit den Händen krümelig vermischen. Die Krümel rasch zu einem glatten Teig verkneten und auf einer bemehlten Arbeitsfläche zu einer Rolle (Ø 4 cm) formen. Die Rolle in Klarsichtfolie wickeln und kühlen, bis sie fest ist.

Den Backofen auf 150 °C (Umluft) vorheizen. Die Plätzchen in 0,5 cm dicken Scheiben abschneiden und auf ein mit Backpapier ausgelegtes Blech legen. Ca. 15 Minuten auf der mittleren Schiene backen, auf einem Kuchengitter auskühlen lassen und danach nochmal weitere 10 Minuten bei 150 °C backen. Durch das doppelte Backen werden sie besonders knusprig. Zum Schluss die Ränder mit einem Pinsel mit Ahornsirup bestreichen und in Kokosraspel wälzen.

Die Plätzchen luftdicht verschlossen aufbewahren.

Mein liebstes Shortbread
für gemütliche Tage.

COFFEE CAKE

ZUTATEN
FÜR EINE OFENFESTE FORM (25 x 25 CM ODER 22 x 28 CM)

100 g	weiche Butter (Zimmertemperatur)
100 g	Rohrohrzucker
Mark von 1	Vanilleschote
2	Eigelb
50 g	Haferflocken
150 g	frisch gemahlenes feines Dinkelvollkornmehl (alternativ Type 1050)
½ TL	Natron
½ TL	Weinsteinbackpulver
2	Eiweiß
¼ TL	Meersalz
200 g	Crème fraîche
1 geh. TL	gemahlener Ceylon-Zimt
1 TL	brauner Rohrzucker

FÜR DEN BELAG:

1 geh. TL	gemahlener Ceylon-Zimt
1 TL	brauner Rohrzucker
100 g	Walnüsse
1 EL	Ahornsirup
1 Prise	Meersalz
etwas	Butter und Dinkelmehl für die Form

Den Backofen auf 180 °C (Umluft) vorheizen.

Eine ofenfeste Form einfetten und leicht mit Mehl bestäuben.

Die Butter, den Rohrohrzucker und das Vanillemark zu einer hellen Creme aufschlagen. Die Eigelbe nach und nach unterrühren. Die Haferflocken im Multimixer fein mahlen und mit dem Mehl, dem Natron und dem Backpulver mit dem Schneebesen verrühren. Die Eiweiße mit dem Salz zu Eischnee steif schlagen.

Jeweils ein Drittel des Eischnees, des Mehls und der Crème fraîche gemeinsam zu der Buttercreme geben und mit dem Spatel vorsichtig unterheben. Mit den anderen zwei Dritteln nacheinander jeweils genauso verfahren. So wird der Teig besonders luftig. Die Hälfte des Teiges mit der Rückseite eines nassen Esslöffels in die Form streichen, mit Zimt bestäuben und mit braunem Rohrzucker bestreuen. Die andere Teighälfte darauf verstreichen und ebenfalls mit Zimt bestäuben und mit Zucker bestreuen. Die Walnüsse hacken, in einer Schüssel mit Ahornsirup und Salz verrühren und auf dem Teig verteilen. Den Kuchen im Backofen auf der mittleren Schiene ca. 30 Minuten goldbraun backen. In der Form abkühlen lassen.

Dieser lockere Kuchen ist schnell gerührt und genau das Richtige, um sich auf das Wochenende einzustimmen.

HEIDELBEER-TORTE

ZUTATEN
FÜR EINE SPRINGFORM (Ø 26 CM)

FÜR DEN MÜRBETEIG:

100 g	kalte Butter
40 g	Rohrohrzucker
75 g	Dinkelmehl, Type 630
75 g	frisch gemahlenes feines Dinkelvollkornmehl (alternativ Type 1050)
1 Prise	Meersalz
½	abgeriebene Schale von unbehandelten Zitrone

FÜR DEN BISKUIT:

5	Eiweiß
1 Prise	Meersalz
100 g	Rohrohrzucker
5	Eigelb
4 EL	neutrales Rapsöl
100 g	Dinkelmehl, Type 630
50 g	geschälte, gemahlene Mandeln
1 TL	Weinsteinbackpulver
15 g	Mandelblättchen
1 TL	Rohrohrzucker

FÜR DIE FÜLLUNG:

400 ml	Sahne
1 Päckchen	Vanillezucker
200 g	Frischkäse
300 g	Heidelbeeren (TK)

ZUM VERZIEREN:

10 ml	Zitronensaft
50 g	Rohrohr-Puderzucker plus etwas zum Bestäuben

Den Boden der Springform mit Backpapier in den Rand klemmen. Überstehendes Papier abschneiden. Den Rand mit Butter einfetten und leicht bemehlen.

Für den Mürbeteig alle Zutaten mit der Küchenmaschine oder mit der Hand rasch zu einem glatten Teig kneten und gleichmäßig flach in die Form drücken. Den Teig mit einer Gabel mehrmals einstechen, die Form mit Klarsichtfolie abdecken und im Kühlschrank oder in der Tiefkühltruhe kalt stellen, bis der Boden fest ist.

Währenddessen den Backofen auf 175 °C (Umluft) vorheizen. Den Mürbeteig-Boden ca. 20 Minuten auf der mittleren Schiene goldbraun vorbacken.

Währenddessen die Eiweiße für den Biskuit steif schlagen. Den Rohrohrzucker einrieseln lassen und weiterschlagen, bis die Masse glänzt. Nach und nach unter Rühren die Eigelbe unterschlagen und das Öl in einem feinen Strahl hinzugießen. Das Mehl, die gemahlenen Mandeln und das Backpulver mit einem Schneebesen vermengen und vorsichtig unterheben. Die Masse auf den Teig in der Springform gießen, die Oberfläche glattstreichen und mit Mandelblättchen und Rohrohrzucker bestreuen. Auf mittlerer Schiene ca. 35 Minuten goldgelb backen. Aus der Form und vom Backpapier lösen und auf einem Gitter abkühlen lassen.

Die Torte zweimal quer durchschneiden. Den untersten Boden vorsichtig auf eine Tortenplatte legen (evtl. mit etwas Marzipan fixieren) und mit einem Tortenring umschließen. Die Sahne steif schlagen, den Vanillezucker und dann den Frischkäse kurz unterrühren. Ein Viertel der Creme auf den Tortenboden streichen, die Hälfte der gefrorenen Heidelbeeren darauf verteilen. Mit einem weiteren Viertel der Creme bedecken und glattstreichen. Den mittleren Boden vorsichtig andrücken. Ebenfalls mit Creme, dann mit Heidelbeeren und wieder mit Creme bestücken. Das Oberteil darauflegen und leicht andrücken. Den Rand vorsichtig nach oben abziehen, dann sind die Ränder automatisch glatt.

Den Zitronensaft mit dem Puderzucker verrühren und die Torte damit beträufeln. Danach mit Puderzucker bestäuben.

FRÜHSTÜCKSMUFFINS

ZUTATEN
FÜR NEUN MUFFINS
(Ø 7 CM)

2	weiche Medjooldatteln
100 g	natives Kokosöl
50 g	Rohrohr-Puderzucker
Mark von 1	Vanilleschote
2	Eigelb
50 g	Haferflocken
150 g	frisch gemahlenes feines Dinkelvollkornmehl (alternativ Type 1050)
½ TL	Natron
½ TL	Weinsteinbackpulver
2	Eiweiß
1 Prise	Meersalz
200 g	griechischer Joghurt 10 %
60 g	Blaubeeren (tiefgefroren oder ggf. frisch)

ZUM BESTREUEN:

	Sesam, Mohnsaat, Kürbiskerne und geschälte Mandelblättchen oder Haferflocken
etwas	Kokosöl für die Förmchen

Den Backofen auf 175 °C (Umluft) vorheizen. Neun Muffinförmchen mit dem Kokosöl einfetten.

Die weichen Medjooldatteln entsteinen, hacken und mit dem Kokosöl, dem Puderzucker und dem Vanillemark zu einer hellen Creme schaumig rühren. Die Eigelbe nach und nach unterrühren. Die Haferflocken im Multimixer fein mahlen und mit dem Mehl, dem Natron und dem Backpulver mit dem Schneebesen verrühren. Die Eiweiße mit dem Salz zu Eischnee steif schlagen. Jeweils ein Drittel des Eischnees, des Mehls und des Joghurts gemeinsam auf die Creme geben und mit dem Spatel vorsichtig unterheben. Mit den anderen zwei Dritteln nacheinander genauso verfahren. So wird der Teig besonders luftig.

Die Hälfte des Teiges auf die Förmchen verteilen. Die Blaubeeren jeweils auf den Teig in den Förmchen legen und mit dem restlichen Teig bedecken. Die Muffins jeweils mit etwas Sesam, Mohn, Kürbiskernen und Mandelblättchen oder Haferflocken bestreuen und ca. 30 Minuten im Backofen auf der mittleren Schiene goldbraun backen.

Variante: Zuckerfrei lassen sich die Muffins backen, indem die Muffins mit Medjooldatteln gesüßt werden. Dafür 10 Medjooldatteln über Nacht in Wasser einweichen. Das Wasser abgießen, die Medjooldatteln entsteinen und mit dem Kokosöl und dem Vanillemark schaumig schlagen.

Diese köstlichen Törtchen kurbeln den Stoffwechsel an und liefern wertvolle Ballaststoffe für einen vitalen, genussvollen Start in den Tag.

INSPIRATION

Nimm dir Zeit für die Dinge, die dich glücklich machen.

WINTERSCHÖNES STOCKHOLM! Wie sehr habe ich mich auf dich gefreut. Schon Tage vor der Abreise hat mich die Magie des baldigen Fortgehens erfasst. Jetzt flaniere ich durch die Straßen und kann mein Glück kaum fassen. Federleicht fühlt es sich an, einfach mal Zeit für sich selbst zu haben. Zeit zum Staunen und Genießen.

EINE JUNGE FLORISTIN in einem winzigen Laden ist gerade damit beschäftigt, Zweige in einer hohen Vase zu arrangieren. Es sind dicke Magnolienzweige, die aus dem Winterschlaf erwachen. Hervorgelockt durch die Wärme im Haus zeigen sie flauschige Knospen, die sich bereits öffnen. Ich drehe mich im Kreis auf dem Mosaik der Fliesen, um jedes Detail des Raumes zu erfassen. Muschelweiß, perlmuttrosa und salbeigrün, die subtile Farbzusammenstellung der ersten Frühlingsblüten ist zum Träumen schön. Die schwedische Blumenkünstlerin bemerkt meine Begeisterung und wir nicken uns freundlich zu.

DRAUßEN ist die Luft noch sehr kalt, aber schon jetzt in den frühen Morgenstunden spannt sich ein blauer wolkenloser Himmel über die Stadt. Auf der Halbinsel Djurgården spaziere ich durch die weite Parklandschaft. Noch bis 1809 galt das Areal als königliches Jagdrevier. In unmittelbarer Nähe zum Schloss Rosendal befindet sich eine Gärtnerei, zu dem auch ein Café und eine Bäckerei gehören. „Rosendals Trädgård" steht auf einem Schild geschrieben. Ich öffne die Tür des weißen Glashauses und bin sofort von der Atmosphäre bezaubert. Überall auf den Tischen brennen weiße Kerzen, im Ofen lodert ein Feuer. Das Glücksrezept der Skandinavier heißt „Hygge", was so viel bedeutet wie Gemütlichkeit und Geborgenheit. Auch im Café „Pom & Flora" treffen bereits die ersten Frühstücksgäste ein und stellen sich geduldig wartend vor die reichlich bestückte Glasvitrine. Das mag auf den ersten Blick nichts Ungewöhnliches sein, aber die Szenerie gleicht einem modischen Defilee. Die Mädchen, die hier fröhlich hereingeschneit sind, um ihre Bestellungen abzugeben, tragen den skandinavischen Modestil in Perfektion. Zurückhaltend, zwanglos und doch so anmutig und ausdrucksstark. Welch ein sicheres Gefühl für Ästhetik!

DIE GEGENWART des Schönen setzt sich auf dem Teller fort. Die Beeren auf der Joghurtcreme sehen aus, als wären sie frisch im Wald gepflückt. Das kräftig aromatische Brot, mit Avocado und Sprossen belegt, schmeckt himmlisch. Die duftenden Cinnamon Buns sind wie Wollknäuel kunstvoll gewickelt und mit viel Kardamom bestreut. Und den Bananenkuchen habe ich so grandios noch nie gegessen. In solchen Momenten fühle ich mich als Schätzesammlerin, beschenkt mit neuen wunderbaren Impulsen.

POM
FLORA
CAFÉ

HEIDELBEER-MANDEL-KUCHEN

ZUTATEN

FÜR EINE SPRINGFORM (Ø 26 CM)

- 200 g Butter
- 150 g Mandeln
- 100 g Honig
- Mark von 1 Vanilleschote
- 4 Eigelb
- 100 g frisch gemahlenes feines Dinkelvollkornmehl (alternativ Type 1050)
- 1 TL Weinsteinbackpulver
- 4 Eiweiß
- 1 Prise Meersalz
- 300 g tiefgefrorene Heidelbeeren

- etwas Butter für die Form

Den Backofen auf 180 °C (Umluft) vorheizen. Den Boden der Springform mit Backpapier auskleiden. Den Rand einfetten.

Die Butter in einen kleinen Topf geben und auf dem Herd bei niedriger Temperatur erhitzen, bis sie eine leicht braune Farbe annimmt und aromatisch duftet. Die so entstandene Nussbutter in eine Schüssel füllen und auf Zimmertemperatur abkühlen lassen.

Die Mandeln auf einem Blech verteilen und im Backofen auf der obersten Schiene rösten, bis sie beginnen aromatisch zu duften. Abkühlen lassen. 100 g Mandeln im Multimixer fein mahlen, die restlichen Mandeln fein hacken.

Den Honig mit dem Vanillemark und den Eigelben in einer Schüssel schaumig schlagen, dann die flüssige Nussbutter unterrühren. Das Mehl mit den gemahlenen Mandeln und dem Backpulver mit einem Schneebesen verrühren. Die Eiweiße mit dem Salz zu Eischnee steif schlagen. Jeweils ein Drittel des Mehls, der gehackten Mandeln und des Eischnees auf den Teig geben und mit dem Spatel unterheben. Mit den anderen zwei Dritteln nacheinander genauso verfahren. So wird der Teig besonders luftig.

Die Heidelbeeren gleichmäßig auf dem Boden der Springform verteilen. Den Teig gleichmäßig darüberstreichen. Den Kuchen im Backofen auf der mittleren Schiene etwa 30–40 Minuten goldbraun backen, bis bei der Garprobe kein Teig mehr haften bleibt. Aus dem Ofen nehmen, mit einem Messer vorsichtig vom Rand lösen und sofort auf ein Kuchengitter stürzen.

Die Idee für dieses Rezept habe ich aus Stockholm mitgebracht. Der köstliche Kuchen ist eine wunderbare Erinnerung an die romantische Atmosphäre in „Rosendals Trädgård“.

ZUCKERFREI
GLUTENFREI
LAKTOSEFREI
VEGAN

KLEINES REISEGLÜCK

ZUTATEN FÜR

EINE FORM (12 x 36 CM, ERGIBT 18 BZW. 36 KLEINE RIEGELSCHNITTEN)

GEKÜHLTE VARIANTE

- 40 g Mandeln
- 120 g grobe glutenfreie Haferflocken
- 40 g Hanfsamen
- 20 g Sesam
- 60 g Cranberrys
- 40 g Kürbiskerne
- 20 g Kokosraspel
- 100 g Ahornsirup
- 60 g Cashew- oder Mandelmus
- 1 Prise Meersalz

GEBACKENE VARIANTE

- 30 g Chiasamen
- 100 g Mandeln
- 150 g grobe Haferflocken
- 40 g Hanfsamen
- 40 g Sesam
- 100 g Cranberrys
- 100 g Kürbiskerne
- 40 g Kokosraspel
- 2 TL gemahlener Ceylon-Zimt
- ½ TL Fleur de Sel
- 6 Medjooldatteln, ohne Stein
- 3 reife Bananen
- 40 g flüssiges natives Kokosöl

- etwas Kokosöl für die Form

TIPP

Die Riegel halten sich am besten luftdicht in einer Dose verschlossen im Kühlschrank.

GEKÜHLTE VARIANTE

Die Mandeln in einer heißen Pfanne ohne Fett unter Wenden rösten, bis sie beginnen aromatisch zu duften. Aufpassen, dass sie nicht verbrennen. Auf einem Teller abkühlen lassen, hacken und in eine Schüssel geben. Die Haferflocken, die Hanfsamen und den Sesam ebenfalls leicht anrösten und zu den Mandeln geben. Die Cranberrys hacken, in die Schüssel füllen, die Kürbiskerne und die Kokosraspel hinzufügen und alles gut durchmischen.

In einem Topf den Ahornsirup, das Nussmus und das Meersalz unter Rühren erhitzen. Die Masse zu den trockenen Zutaten geben und mit einem Löffel so lange verrühren, bis alles gut befeuchtet ist.

Die Form mit Klarsichtfolie auslegen, die Müslimasse einfüllen und mit einer befeuchteten Hand festdrücken. Die Oberfläche mit Folie abdecken und die Form 1 Stunde kühl stellen.

Die Müslischnitte aus der Form nehmen, die Klarsichtfolie abnehmen und mit einem scharfen Messer 2 cm breite Riegel abschneiden. Wer mag, kann die Riegel noch einmal in der Mitte teilen.

GEBACKENE VARIANTE

Die Chiasamen in einem hohen Gefäß in 100 ml Wasser einweichen. Den Backofen auf 180 °C (Umluft) vorheizen. Die Form mit etwas Kokosöl einfetten.

Die Mandeln in einer heißen Pfanne ohne Fett unter Wenden rösten, bis sie beginnen aromatisch zu duften. Aufpassen, dass sie nicht verbrennen. Auf einem Teller abkühlen lassen, hacken und in eine Schüssel geben. Die Haferflocken, die Hanfsamen und den Sesam ebenfalls leicht anrösten. Zu den Mandeln geben. Die Cranberrys hacken, in die Schüssel geben, die Kürbiskerne, die Kokosraspel, den Zimt und das Fleur de Sel hinzufügen und alles gut durchmischen.

Die Datteln hacken. Die Bananen schälen und in grobe Stücke brechen. Die Datteln, die Bananen und das Kokosöl zu den eingeweichten Chiasamen geben, pürieren und mit den trockenen Zutaten verkneten. Die Masse in die gefettete Form drücken und für 20–25 Minuten auf der mittleren Schiene backen, so dass die Ecken leicht gebräunt sind. Aus der Form heben, auf einem Kuchengitter auskühlen lassen und dann in 2 cm breite Streifen schneiden. Wer mag, kann die Riegel noch einmal in der Mitte teilen.

CINNAMON CARDAMOM BUNS

ZUTATEN
FÜR CA. 12 STÜCK

FÜR DEN TEIG:

500 g	Dinkelmehl, Type 630
¼ TL	Meersalz
1 TL	Kardamomsamen
50 g	weiche Butter (Zimmertemperatur)
15 g	frische Hefe
60 g	Rohrohrzucker
300 ml	lauwarme Milch
1	Eigelb

FÜR DIE FÜLLUNG:

75 g	weiche Butter (Zimmertemperatur)
60 g	Rohrohrzucker
2 geh. TL	gemahlener Ceylon-Zimt
1 Prise	Meersalz

ZUM BESTREICHEN UND VERZIEREN:

1	Eiweiß
ca. 45	Mandeln
1–2 TL	Kardamomsamen
etwas	Ahornsirup
etwas	Dinkelmehl für die Arbeitsfläche

Das Mehl mit dem Salz in eine große Schüssel geben, vermengen und in die Mitte eine Mulde drücken. Die Kardamomsamen im Mörser zerstoßen und zum Mehl geben. Auf dem Rand die Butter in Flöckchen verteilen. Die Hefe mit dem Rohrohrzucker in der Milch auflösen, dann das Eigelb unterrühren. Die Hefemilch nach und nach zum Mehl in die Schüssel geben und die Zutaten mit der Küchenmaschine oder mit der Hand zu einem glatten Teig kneten. Den Teig mit einem sauberen Küchentuch abdecken und an einem warmen Ort 1 Stunde gehen lassen.

In der Zwischenzeit für die Füllung die weiche Butter mit dem Rohrohrzucker, dem Zimt und dem Salz mit den Quirlen des Handrührgerätes verrühren.

Den Hefeteig auf einem bemehlten Backbrett zu einem 3–5 mm dicken, 18 cm breiten Rechteck ausrollen. Das Rechteck in der Mitte der langen Seite teilen. Die weiche Zimtbutter mit einem Messer auf die eine Hälfte verstreichen und mit der anderen Teighälfte bedecken. Von dem 18 cm breiten Teig ca. 1,5 cm breite, lange Streifen schneiden. Jeden Streifen wie ein Wollknäuel um die mittleren drei Finger wickeln. Nach der Hälfte des Streifens das Teigknäuel von den Fingern nehmen und um 90 Grad drehen, damit es rundherum gleichmäßig gewickelt wird. Die gewickelten Zimtbrötchen auf ein mit Backpapier belegtes Backblech setzen, mit einem Tuch abdecken und 1–2 Stunden gehen lassen.

In der Zwischenzeit den Backofen auf 200 °C (Umluft) vorheizen. Auf den Boden des Backofens eine kleine feuerfeste Form mit Wasser stellen.

Die aufgegangenen Buns mit Eiweiß bestreichen. In die Mitte der Buns nach Belieben jeweils drei Mandeln drücken und/oder ein paar Kardamomsamen streuen. 20 Minuten auf der mittleren Schiene goldgelb backen. Noch heiß mit dem Ahornsirup bestreichen und auf einem Kuchengitter abkühlen lassen. Am besten frisch essen oder lauwarm einfrieren. Am nächsten Tag können die Buns gut im Toaster oder im Backofen noch einmal erwärmt werden.

HIMBEER-MASCARPONE-TORTE

ZUTATEN

FÜR EINE SPRINGFORM (Ø 26 CM)

FÜR DEN MÜRBETEIG-BODEN:

100 g	kalte Butter
40 g	Rohrohrzucker
75 g	Dinkelmehl, Type 630
75 g	frisch gemahlenes feines Dinkelvollkornmehl (alternativ Type 1050)
1 Prise	Meersalz
½	abgeriebene Schale von unbehandelten Zitrone

FÜR DIE CREME:

400 g	Mascarpone
50 g	Rohrohr-Puderzucker
1	abgeriebene Schale von unbehandelten Zitrone
Mark von 1	Vanilleschote
200 ml	Sahne
1 Päckchen	Sahnesteif
2 TL	Zitronensaft
600 g	Himbeeren (gefroren)
1,5 Päckchen	Tortengusspulver
2 EL	Himbeersirup (selbstgemacht oder aus dem Bioladen)
evtl.	etwas Marzipan für die Tortenplatte

Die Springform mit Backpapier auslegen.

Für den Mürbeteig alle Zutaten mit der Küchenmaschine oder mit der Hand rasch zu einem glatten Teig kneten und gleichmäßig flach in die Form drücken. Den Teig mit einer Gabel mehrmals einstechen, die Form mit Klarsichtfolie abdecken und kalt stellen, bis der Boden fest ist.

In der Zwischenzeit den Backofen auf 175 °C (Umluft) vorheizen. Den Mürbeteigboden 20–30 Minuten auf der mittleren Schiene goldbraun backen und auskühlen lassen.

Den Mascarpone mit dem Puderzucker, der Zitronenschale und dem Vanillemark in einer Schüssel glattrühren. Die Sahne halbsteif schlagen, dann das Sahnesteif dazugeben und weiterschlagen. Die geschlagene Sahne mit dem Mascarpone verrühren.

Den Mürbeteig vorsichtig aus der Form lösen und auf eine Tortenplatte legen, evtl. mit einem kleinen Stück Marzipan fixieren, damit er nicht rutscht. Mit einem Tortenring fixieren. Die Mascarponecreme glatt auf dem Mürbeteig verstreichen. Die gefrorenen Himbeeren gleichmäßig auf dem Mascarpone verteilen. 1,5 Päckchen Tortenguss mit 2 EL Himbeersirup und 375 ml Wasser verrühren und unter Rühren aufkochen lassen. Den heißen Tortenguss gleichmäßig über die gefrorenen Himbeeren gießen. Die Torte mit dem Tortenring über Nacht im Kühlschrank abgedeckt durchkühlen lassen.

Vor dem Servieren die Torte aus dem Kühlschrank nehmen und den Tortenring noch oben abziehen.

Diese erfrischend cremige Torte backe ich sehr gern für Geburtstage. Die Mascarpone-Himbeer-Füllung kommt ganz ohne Gelatine aus.

Gegen Ende des Winters kann ich es kaum erwarten, die ersten Vorboten des Frühlings zu sehen. Die Schneeglöckchen und Winterlinge zeigen sich schon mutig in den Gärten und Parks. In unserem kleinen Garten in der Stadt erobern sie zu meiner Freude immer größere Flächen. In einer schlichten Glasvase kommen ihre zarten, schlanken Blüten besonders schön zur Geltung. Mit ein wenig Geduld lassen sich Zweige von Magnolien, Kirschen, Birnen oder Quitten ganz einfach im Zimmer vortreiben. Wenn sich die Knospen zu öffnen beginnen, ist es jedes Mal ein besonders zauberhafter Anblick.

ROSA TÖRTCHEN

ZUTATEN
FÜR EINE TORTENFORM (Ø 20 CM)

180 g	weiche Butter (Zimmertemperatur)
75 g	Rohrohrzucker
1 Prise	Meersalz
75 g	Ahornsirup
3	Eigelb
10 g	Weinsteinbackpulver
180 g	Dinkelmehl, Type 630
3	Eiweiß

FÜR DIE CREME:

110 g	weiche Butter (Zimmertemperatur)
60 g	Rohrohrzucker
1 Prise	Meersalz
250 g	Frischkäse
90 g	Himbeersirup (selbstgemacht oder aus dem Bioladen)
2 TL	Zitronensaft

Die Butter mit dem Rohrohrzucker und dem Salz in eine Rührschüssel geben und mit den Quirlen des Handrührgerätes zu einer hellen Creme schlagen. Den Ahornsirup dazugeben und nach und nach die Eigelbe unterrühren.

Den Backofen auf 180 °C (Umluft) vorheizen. Eine Backform mit Backpapier auslegen.

Das Backpulver mit dem Mehl vermischen und über die Creme sieben. Mit einem Kuchenspatel das Mehl kurz unter den Teig mischen. Die Eiweiße sehr steif schlagen und in drei Portionen locker unter den Teig heben. Den Teig in die Form einfüllen und die Torte 30 Minuten bei 180 °C und weitere 15 Minuten bei 150 °C backen. Mit einem Stäbchen die Garprobe machen. Den Kuchen aus der Form lösen und auf einem Kuchengitter auskühlen lassen.

Für die Creme die Butter, den Rohrohrzucker und das Salz in eine Schüssel geben und rühren, bis eine helle Masse entsteht. Den Frischkäse hinzufügen und unterrühren. Zum Schluss den Himbeersirup und den Zitronensaft unter die Creme rühren.

Die Torte mit einem Brotmesser zweimal waagerecht durchschneiden. Den unteren Boden auf eine Tortenplatte setzen und mit einem Spatel etwa ein Viertel der Creme als erste Schicht gleichmäßig darauf verteilen. Den zweiten Boden daraufsetzen und die nächste Cremeschicht (zweites Viertel) darauf verstreichen. Den Deckel daraufsetzen und das Törtchen auch von außen dekorativ mit der restlichen Creme bestreichen.

Eine Torte für all die romantischen Prinzessinnen unter uns!

FLEURS
3. Boule-de-neige; 4. Chèvrefeuille; 5. Dierville; 6. Azalée nudiflore; 7. Kalmie; 8. Rhododendron; 9. Cytise; 10. Glycine; 11.
14. Ketmie; 15. Ketmie double; 16. Lilas commun; 17. Lilas Varin; 18. Seringa; 19. Clématite; 20. Pivoine arborescente; 21. Cerisier
24. Rosier cent-feuilles; 25. Rosier mousseux; 26. Rosier Jacqueminot; 27. Rosier maréchal Niel; 28. Rosier Gloire de Dijon; 29. Rosier La
Aimée Vibert; 32. Rosier multiflore; 33. Rosier capucine; 34. Kerrie; 35. Laurier-rose; 36. Epacris; 37. Azalée de l'Inde; 38. Grenadier;
Callistémon; 43. Fuchsia fulgens; 44. Fuchsia hybride; 45. Fuchsia; 46. Passiflore; 47. Hortensia commun; 48. Hortensia paniculé;
50. Camélia à grandes fleurs; 51. Echinopsis; 52.; 54. Epiphyllum.

LAKTOSEFREI
VEGAN

BANANENBROT

ZUTATEN
FÜR EINE OFENFESTE FORM (22 x 28 CM)

- 100 g Walnüsse
- 225 g neutrales Rapsöl
- 100 g Rohrohr-Puderzucker
- 300 g geschälte sehr reife Bananen (3–4 Stück)
- 225 g frisch gemahlenes feines Dinkelvollkornmehl (alternativ Type 1050)
- 225 g Dinkelmehl, Type 630
- 1 Prise Meersalz
- 5 g Natron
- 1 gestr. TL Weinsteinbackpulver
- 1 geh. TL gemahlener Ceylon-Zimt
- 50 g vegane Zartbitterschokoladendrops

ZUM DEKORIEREN:

- 2 Bananen, nach Belieben
- etwas neutrales Rapsöl und Dinkelmehl für die Form

Den Backofen auf 175 °C (Umluft) vorheizen. Die Form dünn mit etwas Öl einfetten und leicht bemehlen.

Die Walnüsse auf ein Blech verteilen und im Backofen rösten, bis sie beginnen aromatisch zu duften. Auf einem Teller abkühlen lassen und dann grob hacken. Das Rapsöl mit dem Puderzucker verrühren. Die Bananen pürieren und schaumig unterrühren.

Das Mehl, das Salz, das Natron, das Backpulver und den Zimt mit einem Schneebesen miteinander vermengen und kurz und schnell unter die flüssige Masse rühren. Zum Schluss mit einem Spatel die Walnüsse und die Schokoladendrops unter den Teig rühren.

Den Teig gleichmäßig in der Form verteilen. Das Bananenbrot etwa 25 Minuten auf der mittleren Schiene im Backofen goldbraun backen. Noch lauwarm serviert schmeckt das Bananenbrot besonders gut mit Erdnussmus oder mit einer Karamellsauce.

Je nach Belieben kann die Teigoberfläche mit vier Bananenhälften verziert werden. Diese vor dem Backen leicht in den Teig drücken. Das schaut toll aus. Das Bananenbrot sollte dann allerdings innerhalb von 2 Tagen gegessen werden. Ohne verzierte Banane ist es an einem kühlen Ort gelagert mehrere Tage haltbar.

Noch lauwarm serviert schmeckt das Bananenbrot besonders gut mit Erdnussmus oder selbstgemachter Karamellsauce.

ZUCKERFREI
GLUTENFREI
LAKTOSEFREI
VEGAN

BEAUTY BALLS

ZUTATEN
FÜR CA. 10 KUGELN
(Ø 3,5 CM)

FÜR DEN TEIG:

75 g	Cashewnüsse
2	weiche Medjooldatteln, ohne Stein
15 g	flüssiges natives Kokosöl
Mark von 1	Vanilleschote
1 TL	abgeriebene unbehandelte Zitronenschale
1 TL	Zitronensaft
1 Prise	Meersalz
10 g	gehackte Pistazien
10 g	Hanfsamen
30 g	frisch gemahlene Mandeln
30 g	Kokosraspel

FÜR DEN BELAG:

1 EL	Kokosraspel

ZUM DEKORIEREN:

getrocknete Rosenblütenblätter und Kokoschips

Die Cashewnüsse am Vorabend in einem hohen Gefäß in Wasser einweichen.

Am nächsten Morgen das Wasser abgießen. Die Medjooldatteln zu den Cashewnüssen geben und zusammen mit dem Kokosöl und dem Vanillemark pürieren. Die restlichen Zutaten dazugeben und mit einem großen Löffel unterrühren. Mit nassen Händen ca. 3,5 cm große Kugeln formen und in Kokosraspeln wälzen. Mit getrockneten Rosenblütenblättern und Kokoschips dekoriert servieren.

Süße Schönmacher für Wellness-Tage, die ganz leicht daherkommen.

SCHWEDISCHES KNÄCKEBROT

ZUTATEN
FÜR 15 STÜCK

10 g	frische Hefe
175 g	lauwarmes Wasser
1 TL	Honig
130 g	Dinkelmehl, Type 630
30 g	Roggenmehl, Type 1150
60 g	frisch gemahlenes feines Dinkelvollkornmehl (alternativ Type 1050)
6 g	Meersalz
20 g	Sesam
20 g	geschroteter Leinsamen
20 g	Hanfsamen
½ TL	gemahlener Kreuzkümmel
etwas	Dinkelmehl für die Arbeitsfläche

Die Hefe im Wasser auflösen, den Honig hinzufügen. Die Mehle, das Salz, die Saaten und den Kreuzkümmel in eine Rührschüssel geben. Die aufgelöste Hefe nach und nach dazugießen und mit der Hand oder mit dem Knethaken der Küchenmaschine zu einem geschmeidigen Teig kneten. Die Oberfläche leicht mit Mehl bestäuben und den Hefeteig abgedeckt an einem warmen Ort mindestens 1 Stunde aufgehen lassen.

Den Teig noch einmal kräftig durchkneten. Auf einer leicht bemehlten Arbeitsfläche kleine Teigstücke abstechen und Kugeln formen, die etwa die Größe einer Aprikose haben.

Ein Backblech mit Backpapier auslegen. Den Backofen auf 200 °C (Umluft) vorheizen.

Jede Teigkugel mit bemehlten Händen möglichst flach drücken und mit einer gezackten Teigrolle (Kruskavel) darüber rollen. Alternativ eine glatte Teigrolle verwenden und mit einer Gabel Löcher in die Oberfläche stechen. Aus jedem ausgerollten Teigstück aus der Mitte einen Kreis (Ø 4,5 cm) ausstechen. Die dünnen Teigfladen auf das Backblech legen und etwa 15 Minuten backen. Das Backblech aus dem Ofen nehmen, die Knäckebrote wenden und weitere 10 Minuten knusprig backen. Auf einem Kuchengitter auskühlen lassen und in einer Dose aufbewahren.

Zum Backen dieses Knäckebrotes wird eine geriffelte Teigrolle benutzt, die das typische Muster in die Oberfläche prägt.

ZUCKERFREI
GLUTENFREI
LAKTOSEFREI
VEGAN

SEEDS OF LOVE BREAD

ZUTATEN
FÜR 10 MINIKASTENFORMEN (9,5 CM)

100 g	Mandeln
50 g	Kürbiskerne
250 g	Haferflocken
150 g	Sonnenblumenkerne
120 g	geschroteter Leinsamen
20 g	Flohsamen
25 g	Chiasamen
12 g	Meersalz
2 EL	Ahornsirup
60 ml	Olivenöl
600 ml	Wasser

ZUM BESTREUEN:

30 g	Sonnenblumenkerne

Den Backofen auf 180 °C (Umluft) vorheizen.

Die Mandeln auf ein Backblech geben und 10 Minuten im Backofen rösten, bis sie leicht duften. Auf einem Teller abkühlen lassen.

Die Mandeln und die Kürbiskerne mittel bis fein hacken. Alle trockenen Zutaten in eine Rührschüssel geben und gut vermischen. Den Ahornsirup, das Öl und das Wasser vermengen und dazugeben. Den Teig mit der Hand kräftig durchkneten, mit Klarsichtfolie abdecken und über Nacht im Kühlschrank quellen lassen.

Den Backofen auf 180 °C (Umluft) vorheizen. 10 kleine Backförmchen mit Backpapier auslegen. Den Teig in die Formen füllen, glattstreichen und mit den Sonnenblumenkernen bestreuen. Die kleinen Brote 45 Minuten backen, aus der Form lösen und weitere 15 Minuten backen.

Alternativ den Teig in einer großen Kastenform backen: 1 Stunde in der Form und weitere 20 Minuten ohne Form.

Die knusprige Kruste ist für das Aroma der kleinen Brote, die sich gut einfrieren lassen, sehr wichtig. Wenn man sie nach dem Auftauen noch einmal kurz in den Ofen schiebt, schmecken sie wie frisch gebacken.

Das legendäre „Life-Changing-Bread“ aus Nüssen und Saaten von Sarah Britton hat unzählige Hobbybäcker weltweit inspiriert. Ich habe kleine knusprige Minilaibe entwickelt, die ich gern zu winterlichen Salaten serviere.

ZUCKERFREI
LAKTOSEFREI

DINKEL-VOLLKORNBROT

ZUTATEN
FÜR EINE KASTENFORM (32 x 11 x 7 CM)

FÜR DEN VORTEIG:

- 150 g frisch gemahlenes feines Dinkelvollkornmehl (alternativ Type 1050)
- 15 g frische Hefe
- 200 ml lauwarmes Wasser

FÜR DEN HAUPTTEIG:

- 250 ml lauwarmes Wasser
- 450 g frisch gemahlenes feines Dinkelvollkornmehl (alternativ Type 1050)
- 2 TL Zitronensaft
- 1 TL Honig
- 50 g geschroteter heller Leinsamen
- 15 g Meersalz

ZUM BESTREUEN:

- 25 g Haferflocken

- etwas neutrales Rapsöl und Dinkelmehl für die Form

Für den Vorteig das Mehl in eine Teigschüssel geben. Die Hefe im Wasser auflösen und mit dem Mehl verrühren. Die Schüssel mit einem Tuch abdecken und den Vorteig bei Zimmertemperatur 12 Stunden stehen lassen.

Am nächsten Tag die restlichen Zutaten zum Vorteig geben und mit der Hand oder dem Knethaken der Küchenmaschine in fünf Minuten zu einem glatten Teig kneten. Den Brotteig abdecken und an einem warmen Ort 1 Stunde gehen lassen.

In der Zwischenzeit eine Backform mit Butter einfetten und mit etwas Mehl bestäuben. Den Teig noch einmal durchkneten und in die Kastenform füllen. Die Form mit Klarsichtfolie abdecken und für 2 Stunden in den Kühlschrank stellen.

Die Oberfläche mit Haferflocken bestreuen und die Form in den kalten Backofen stellen. Den Backofen auf 225 °C (Umluft) einstellen und das Brot 40–45 Minuten backen, bis es schön goldbraun ist. Aus der Form stürzen und auf einem Kuchengitter auskühlen lassen.

Ich liebe den Duft von frischgebackenem Brot! Damit dieses feinwürzige Brot perfekt gelingt, braucht der Teig unbedingt seine Ruhephasen.

ZUCKERFREI
LAKTOSEFREI
VEGAN

OVERNIGHT ROLLS

ZUTATEN
FÜR 10 STÜCK

- 3 g frische Hefe
- 200 ml lauwarmes Wasser
- 150 g frisch gemahlenes feines Dinkelvollkornmehl (alternativ Type 1050)
- 150 g Dinkelmehl, Type 630
- 6 g Meersalz
- 15 ml Olivenöl

ZUM BESTREUEN NACH BELIEBEN:

- Sesam
- Mohn
- Sonnenblumenkerne
- Leinsamen
- Haferflocken

- etwas Dinkelmehl für die Arbeitsfläche

Die Hefe im Wasser auflösen. Das Mehl und das Salz in eine Rührschüssel geben. Die Hefe dazugießen und alles mit der Hand oder mit dem Knethaken in der Küchenmaschine zu einem geschmeidigen Teig kneten. Nach 4 Minuten Knetzeit das Öl dazugeben und weitere 2 Minuten kneten. Den Teig abgedeckt 1 Stunde bei Zimmertemperatur gehen lassen, dabei nach 20 bzw. 40 Minuten den Teig „falten". D.h. den Teig mit feuchten Händen von hinten hochziehen und nach vorn klappen. Die Schüssel dreimal um 90 Grad drehen und den Vorgang jeweils wiederholen. Durch das „Falten" bekommt das Gebäck eine schöne Struktur.

Den Teig mit Klarsichtfolie abdecken und über Nacht in den Kühlschrank stellen.

Am nächsten Morgen den Backofen auf 200 °C (Ober- und Unterhitze) vorheizen. Ein Backblech mit Backpapier auslegen. Auf einer leicht bemehlten Arbeitsfläche den Teig noch einmal kurz falten. Dann zehn Brötchen formen und auf das Backblech setzen. Die Oberfläche der Brötchen mit etwas Wasser bepinseln und nach Belieben mit etwas Sesam, Mohn, Sonnenblumenkernen, Leinsamen oder Haferflocken bestreuen. Die Brötchen noch 10–15 Minuten gehen lassen und dann ca. 20 Minuten goldbraun backen. Auf einem Kuchengitter auskühlen lassen.

Schon am Vorabend wird der Teig mit sehr wenig frischer Hefe angesetzt. Das ist das Geheimnis dieser wunderbaren Frühstücksbrötchen.

ZUCKERFREI
GLUTENFREI
LAKTOSEFREI
VEGAN

FRÖKNÄCKE

ZUTATEN
FÜR CA. 80 STÜCK

- 30 g glutenfreie Haferkleie
- 30 g Leinsamen
- 30 g Chiasamen
- 30 g Sonnenblumenkerne
- 30 g geschroteter Leinsamen
- 4 g Meersalz
- 20 g natives Kokosöl
- 1 TL getrockneter Thymian, nach Belieben
- 250 ml kochendes Wasser

Die Zutaten in eine Rührschüssel geben, mit dem kochenden Wasser übergießen und alles gut durchmischen. Die Schüssel mit einer Klarsichtfolie abdecken und die Mischung über Nacht bei Zimmertemperatur quellen lassen.

Am nächsten Tag den Backofen auf 180 °C (Umluft) vorheizen. Die Hälfte des Teiges zwischen zwei Backpapierblättern sehr dünn ausrollen. Den Teig mit dem Papier auf das Blech legen und das obere Backpapier vorsichtig abziehen. Die Knäcke 15 Minuten backen. Das Backblech aus dem Ofen nehmen, das Fröknäcke mit einem Messer in Rechtecke (4 x 7 cm) schneiden und weitere 20 Minuten knusprig backen. Auf einem Kuchengitter auskühlen lassen und in einer Dose aufbewahren.

Ganz dünn und knusprig ist dieses Knäckebrot. Ich mag es besonders gern zu einem cremigen Kräuterdip.

REGISTER

Nach Alphabet

A

Apfel-Streuselkuchen 54
Apple Crumble mit salziger Karamellsauce 60
Aprikosen-Cranberry-Plätzchen 188

B

Bananenbrot 217
Beauty Balls 220
Birnen-Dinkel-Muffins 45
Birnen-Pistazien-Tarte 25
Birnen-Schmand-Kuchen 29
Brioche mit warmem Camembert 114
Buttergebäck zum Ausstechen 150

C

Christstollen 145
Cinnamon Cardamom Buns 208
Coffee Cake 189

D

Dinkelvollkornbrot 227
Dunkler Schokoladenkuchen 106

F

Fröknäcke 232
Früchtebrote 151
Frühstücksmuffins 197

G

Galette des rois 76
Gâteau breton 94
Gewürzkipferl 159
Gougères 111
Granola mit Rosenblüten 185
Grapefruit-Tartelettes mit Rosmarin 103
Gugelhupf 142

H

Haferkekse 18
Haselnuss-Financiers 77
Haselnussrolle mit Orangen 51
Heidelbeer-Mandel-Kuchen 201
Heidelbeer-Torte 194
Herbstprinzapfelkuchen 56
Himbeer-Mascarpone-Torte 209
Himmlischer Apfelkuchen 86

K

Karotten-Hanf-Kuchen 53
Käsekuchen 163
Kleine Drei-Käse-Tartes 118
Kleines Reiseglück 202

L

Linzertorte 173

M

Madeleines 70
Moelleux aux marrons 90
Mohngugelhupf 132
Mohnstriezel 139
Mürbeteigtörtchen mit Mandel-Walnuss-Karamell 65

N

Neujahrsbrezeln 169
Normannische Apfeltarte 73
Nussbeugerl 136
Nusskuchen 24
Nusswaffeln 42

O

Overnight Rolls 230

P

Pain d'épices 100
Pastinakentörtchen 39
Pikanter Cake mit Pflaumen und Haselnüssen 115
Polenta-Orangen-Kuchen 81
Profiteroles mit Karamellhaube 82

Q

Quarkstollen 156

R

Raw Carrot Cake 182
Rosa Törtchen 212
Rote-Beete-Torte mit Zitronenfüllung 30

S

Sablés 105
Schokoladen-Rotwein-Kuchen 164
Schwedisches Knäckebrot 221
Seeds of Love Bread 224
Sonntagskuchen Birne Helene 46
Spitzbuben 129
Stutenmännchen 154

T

Tannenbäumchen 172

Tarte mit karamellisierten Zwiebeln 122

Tiroler Nussmuffins 133

V

Vanillekipferl 159

Verzauberte Waldpilze 126

Vinschgauer 178

Vollkorn-Kürbis-Kuchen 38

W

Walnuss-Karotten-Kuchen 61

Weihnachtstorte 176

Winter-Pumpkin-Muffins 21

Z

Zimtwolken-Apfeltraum 35

Zitronenkuchen 91

Zitronentarte mit Salbeiblättchen aus dem Küchengarten 97

Zwetschgen-Walnuss-Brot 66

Nach Hauptzutaten

ÄPFEL

Apfel-Streuselkuchen 54

Apple Crumble mit salziger Karamellsauce 60

Früchtebrote 151

Herbstprinzapfelkuchen 56

Himmlischer Apfelkuchen 86

Normannische Apfeltarte 73

Pastinakentörtchen 39

Zimtwolken-Apfeltraum 35

APFELMUS

Birnen-Dinkel-Muffins 45

Nusskuchen 24

Nusswaffeln 39

APFELSAFT

Zimtwolken-Apfeltraum 35

APRIKOSEN, GETROCKNET

Aprikosen-Cranberry-Plätzchen 188

Früchtebrote 151

BACKPFLAUMEN

Pikanter Cake mit Pflaumen und Haselnüssen 115

Zwetschgen-Walnuss-Brot 66

BANANEN

Bananenbrot 217

Kleines Reiseglück 202

BIRNEN

Birnen-Dinkel-Muffins 45

Birnen-Pistazien-Tarte 25

Birnen-Schmand-Kuchen 29

Rote-Beete-Torte mit Zitronenfüllung 30

Sonntagskuchen Birne Helene 46

CRANBERRYS

Aprikosen-Cranberry-Plätzchen 188

Christstollen 145

Früchtebrote 151

Kleines Reiseglück 202

Tannenbäumchen 172

Winter-Pumpkin-Muffins 21

DATTELN

Beauty Balls 220

Frühstücksmuffins 197

Haferkekse 18

Kleines Reiseglück 202

Nussbeugerl 136

Raw Carrot Cake 182

FRISCHKÄSE

Heidelbeer-Torte 194

Karotten-Hanf-Kuchen 53

Pastinakentörtchen 39

Rosa Törtchen 212

Rote-Beete-Torte mit Zitronenfüllung 30

Tannenbäumchen 172

Tarte mit karamellisierten Zwiebeln 122

Walnuss-Karotten-Kuchen 61

Weihnachtstorte 176

GRAPEFRUITS
Grapefruit-Tartelettes mit Rosmarin 103

HASELNÜSSE
Dunkler Schokoladenkuchen 106
Früchtebrote 151
Granola mit Rosenblüten 185
Haselnuss-Financiers 77
Haselnussrolle mit Orangen 51
Linzertorte 173
Moelleux aux marrons 90
Mohngugelhupf 132
Nusskuchen 24
Pikanter Cake mit Pflaumen und Haselnüssen 115
Weihnachtstorte 176

HEIDELBEEREN (TK)
Heidelbeer-Torte 194
Heidelbeer-Mandel-Kuchen 201

HIMBEERKONFITÜRE
Gâteau breton 94
Linzertorte 173
Spitzbuben 129

HONIG (AB 50 G)
Granola mit Rosenblüten 185
Haselnussrolle mit Orangen 151
Heidelbeer-Mandel-Kuchen 201
Pain d'épices 100
Zitronenkuchen 91

KÄSE
Brioche mit warmem Camembert 114
Gougères 111
Kleine Drei-Käse-Tartes 118
Pikanter Cake mit Pflaumen und Haselnüssen 115

KÜRBIS
Vollkorn-Kürbis-Kuchen 38
Winter-Pumpkin-Muffins 21

KÜRBISKERNE
Frühstücksmuffins 197
Kleines Reiseglück 202
Seeds of Love Bread 224
Tannenbäumchen 172
Weihnachtstorte 176
Winter-Pumpkin-Muffins 21

KUVERTÜRE S. SCHOKOLADE

MANDELN
Beauty Balls 220
Birnen-Dinkel-Muffins 45
Birnen-Pistazien-Tarte 25
Christstollen 145
Cinnamon Cardamom Buns 208
Früchtebrote 151
Galette des rois 76
Gewürzkipferl 159
Gugelhupf 142
Heidelbeer-Mandel-Kuchen 201
Heidelbeer-Torte 194
Kleines Reiseglück 202
Mürbeteigtörtchen mit Mandel-Walnuss-Karamell 65
Nussbeugerl 136
Nusskuchen 24
Nusswaffeln 42
Polenta-Orangen-Kuchen 81
Rote-Beete-Torte mit Zitronenfüllung 30
Seeds of Love Bread 224
Sonntagskuchen Birne Helene 46
Spitzbuben 129
Tiroler Nussmuffins 133
Vanillekipferl 159
Weihnachtstorte 176

MARONEN
Moelleux aux marrons 90

MARZIPAN
Christstollen 145
Verzauberte Waldpilze 126
Weihnachtstorte 176

MOHN
Frühstücksmuffins 197
Mohngugelhupf 132
Mohnstriezel 139
Overnight Rolls 230

ORANGEAT
Christstollen 145
Quarkstollen 156

ORANGEN/-SAFT/-ZESTEN
Haselnussrolle mit Orangen 51
Pain d'épices 100
Pastinakentörtchen 39
Polenta-Orangen-Kuchen 81
Tannenbäumchen 172

PASTINAKEN
Pastinakentörtchen 39

PISTAZIEN
Beauty Balls 220
Birnen-Pistazien-Tarte 25
Raw Carrot Cake 182

QUARK
Käsekuchen 163
Quarkstollen 156

ROTE BEETE
Rote-Beete-Torte mit Zitronenfüllung 30

SCHMAND
Birnen-Schmand-Kuchen 29
Zimtwolken-Apfeltraum 35

SCHOKOLADE & KUVERTÜRE
Bananenbrot 217
Dunkler Schokoladenkuchen 106
Madeleines 70
Nusskuchen 24
Schokoladen-Rotwein-Kuchen 164
Sonntagskuchen Birne Helene 46
Tiroler Nussmuffins 133

SONNENBLUMENKERNE
Fröknäcke 232
Granola mit Rosenblüten 185
Overnight Rolls 230
Seeds of Love Bread 224

WALNÜSSE
Bananenbrot 217
Birnen-Dinkel-Muffins 45
Coffee Cake 189
Haferkekse 18
Mürbeteigtörtchen mit Mandel-Walnuss-Karamell 65
Nussbeugerl 136
Nusskuchen 24
Nusswaffeln 42
Pastinakentörtchen 39
Quarkstollen 156
Raw Carrot Cake 182
Verzauberte Waldpilze 126
Vollkorn-Kürbis-Kuchen 38
Walnuss-Karotten-Kuchen 61
Winter-Pumpkin-Muffins 21
Zwetschgen-Walnuss-Brot 66

ZITRONAT
Christstollen 145
Quarkstollen 156

ZITRONEN/-SAFT (AB 2 EL BZW. 4 TL)/-SCHALE/-ZESTEN
Apfel-Streusel-Kuchen 54
Aprikosen-Cranberry-Plätzchen 188
Beauty Balls 220
Birnen-Dinkel-Muffins 45
Buttergebäck zum Ausstechen 150
Christstollen 145
Heidelbeer-Torte 194
Himbeer-Mascarpone-Torte 209
Karotten-Hanf-Kuchen 53
Käsekuchen 163
Mohnstriezel 139
Normannische Apfeltarte 73
Polenta-Orangen-Kuchen 81
Rote-Beete-Torte mit Zitronenfüllung 30
Tiroler Nussmuffins 133
Winter-Pumpkin-Muffins 21
Zitronenkuchen 91
Zitronentarte mit Salbeiblättchen aus dem Küchengarten 97

ZWIEBELN
Tarte mit karamellisierten Zwiebeln 122

Anleitung für die Häkelkrone

(s. Bild S. 75)

Von einem Baumwollgarn (Farbe: natur) mit 125 m pro 50 g werden ca. 50 m benötigt.

Häkelnadel Nr. 2,5-3

115 Luftmaschen anschlagen und mit einer Kettmasche zum Ring schließen.

1. Runde: feste Maschen, Runde mit einer Kettmasche schließen.

2. Runde: 1 Luftmasche, 1 feste Masche, *3 Luftmaschen, 2 feste Maschen*, *bis* stets wiederholen, Runde schließen.

3. Runde: mit Kettmaschen zur nächsten Lücke gehen, *2 feste Maschen, 3 Luftmaschen*, *bis* stets wiederholen, Runde schließen.

4. Runde: mit Kettmasche zur Lücke gehen, in die Mitte der Lücke 1 feste Masche häkeln, mit *5 Luftmaschen bis zur nächsten Lücke häkeln und mit 1 festen Masche um die Mitte der Lücke fixieren*, *bis* stets wiederholen, Runde schließen.

5. Runde: 3 Luftmaschen, 2 Stäbchen in die erste Lücke häkeln, 1 Pikot mit 4 Luftmaschen und 1 festen Masche in die erste Luftmasche häkeln, 3 Stäbchen in dieselbe Schlaufe häkeln, in jede Schlaufe 3 Stäbchen, 1 Pikot, 3 Stäbchen häkeln, mit 1 Kettmasche zur Runde schließen.

Die Krone evtl. mit Sprühstärke bügeln.

v. l. n. r.: Jean-Marc mit Maxim, Theresa, Simon, Lucia, Manfred, David

THERESA BAUMGÄRTNER

Konzept, Text, Rezepte, Foodstyling, Setstyling, Cover-Illustration

wurde 1987 in Hamburg geboren und ist seit ihrem 6. Lebensjahr eine leidenschaftliche Bäckerin. In Mannheim absolvierte sie einen Master in Kultur und Wirtschaft und ist dabei beruflich ihrem Herzen gefolgt. Sie ist Foodbloggerin, Kochbuchautorin, schreibt und fotografiert als Kolumnistin für Magazine und arbeitet als freie Moderatorin und Autorin für das Fernsehen. Einmal im Monat ist sie im ARD-Buffet zu sehen. Auf ihren Foodcamps bringt sie begeisterte Hobbyköche in ihrer Küche in Luxemburg zusammen und vermittelt ihre Lebensart und Philosophie einer einfachen, liebevollen und natürlichen Küche. Mehr aus Theresas kulinarischer Welt unter:

WWW.THERESASKUECHE.DE

LUCIA BAUMGÄRTNER

Text, Rezepte, Foodstyling, Setstyling

wurde 1962 in ihrer badischen Heimat geboren, lebt südlich von Hamburg in der Nähe des Alten Landes und arbeitet seit vielen Jahren als freie Journalistin u.a. für den NDR. Die Begeisterung für kulinarische Themen trägt sie in ihren Reportagen, Filmen und Kochbüchern weiter. Kochen und Backen mit gesunden, köstlichen Zutaten haben bei ihr eine lange Tradition. Ihre Vollwertbackbücher waren Bestseller.

DANK!

Ohne meine Familie und ihre große Unterstützung würde es dieses wundervolle Buch nicht geben! Vielen Dank an meine beiden Liebsten, meinen Mann **JEAN-MARC** und unseren Sohn **MAXIM**, an meine Eltern **LUCIA** und **MANFRED**, meine Geschwister **DAVID** und **SIMON**, meine Oma **WALBURGA** sowie **BÉNÉDICTE**, meine französische Freundin. Ihr seid das wunderbarste Geschenk in meinem Leben!

Mein Dank für dieses Buch gilt außerdem:

MARINA, unsere gemeinsamen Ideen hast du auf großartige Weise mit deiner Kamera eingefangen. Die freundschaftliche Zusammenarbeit mit dir hat uns allen viel Freude bereitet.

MIRIAM, du hast unsere Bilder und Texte in bezaubernder Weise miteinander vereint!

Der Projektleiterin **STEFANIE NEUHART** und dem Verleger **NIKOLAUS BRANDSTÄTTER**: Ihr habt den Zauber dieses Buches von der ersten Minute an erfasst und mir die gemeinsame Umsetzung mit eurem Team ermöglicht. Vielen Dank für eure Wertschätzung.

DEN KOOPERATIONSPARTNERN:
Amsel Fashion, ANTA Scotland, Dale of Norway, Hirsch Natur, Hotel de France & Restaurant Les Fuchsias, Les Greniers du Meix-Lagor, Mason Cash, Peregrine Clothing, Qwstion, Schwester Schwester, The Linen Works, Weihnachtshaus Husum, Intropia.

Allen anderen, die mich von Herzen bei diesem Buchprojekt unterstützt haben.

MARINA JERKOVIC — *Fotografie*

studierte Fotodesign am Lette-Verein in Berlin. Dort lebt und arbeitet sie als selbstständige Fotografin seit über 10 Jahren. Neben ihrer Passion für dokumentarische Themen hat sie in den letzten Jahren auch den Genuss an der Food-Fotografie für sich entdeckt und an mehreren Büchern mitgewirkt. Selbst Gemüse anbauen und ernten, mit Freunden kochen und genießen und immer neugierig auf Neues bleiben führen zu Bildern, die Geschichten erzählen.

WWW.MARINAJERKOVIC.DE

MIRIAM STROBACH — *Grafische Gestaltung*

geb. 1982 in Bayern, aufgewachsen in Hessen und Kärnten, lebt in Wien, hat in Graz Informationsdesign studiert und in Paris die Liebe zur Kulinarik entdeckt. Als Mitbegründerin von Le Foodink konzipiert und gestaltet sie Projekte im Bereich Essen und Trinken.

WWW.LEFOODINK.COM

IMPRESSUM

Bibliografische Information der Deutschen Nationalbibliothek
Die Deutsche Nationalbibliothek verzeichnet diese Publikation in der Deutschen Nationalbibliografie; detaillierte bibliografische Daten sind im Internet über http://dnb.d-nb.de abrufbar.

2. Auflage

Konzept, Text, Rezepte, Foodstyling, Setstyling, Cover-Illustration: Theresa Baumgärtner
Text, Rezepte, Foodstyling, Setstyling: Lucia Baumgärtner
Fotografie, Setstyling: Marina Jerkovic
Visuelle Gestaltung: Miriam Strobach, Le Foodink
Lektorat: Else Rieger
Projektleitung Brandstätter Verlag: Stefanie Neuhart
Papier Kern: Magno Volume 150 gr, 1,1fach Vol

ISBN 978-3-7106-0098-2

Christian Brandstätter Verlag
GmbH & Co KG

A-1080 Wien, Wickenburggasse 26
Telefon (+43-1) 512 15 43-0
Telefax (+43-1) 512 15 43-231

D-80798 München, Neureutherstraße 31
Telefon (+49-89) 500 80 88-22
Telefax (+49-89) 500 80 88-18

E-Mail: info@brandstaetterverlag.com
www.brandstaetterverlag.com

Designed in Austria, printed in the EU